Meister Hsin Tao
Weisheit und Barmherzigkeit

Die Originalausgaben der Werke des Autors sind in Taiwan erschienen. Die Texte und Lehrreden in diesem Buch wurden zusammengestellt, übersetzt und herausgegeben von Maria Reis Habito

Meister Hsin Tao

WEISHEIT UND ERBARMEN

Herausgegeben von
Maria Reis Habito

Adyar

Umschlagentwurf: Günter Hornfeck, München

Printed in Germany
ISBN 3-927837-68-7

Inhalt

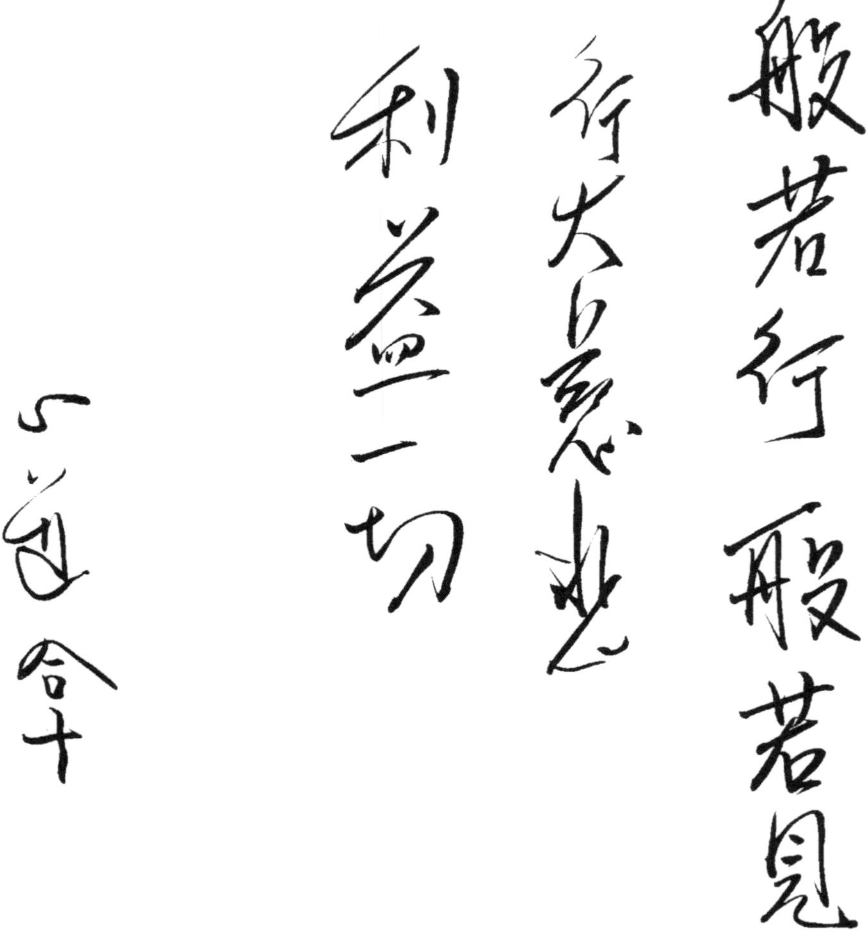

Übe dich in der Praxis der Weisheit. Lerne, mit den Augen der Weisheit zu sehen. Entfalte große Barmherzigkeit und bringe allen Wesen Segen.

Dharma Meister Hsin Tao

Maria Reis Habito

Meine Begegnung mit Shih-fu

Als ich Meister Hsin Tao im Frühjahr 1980 kennenlernte, lebte er noch in einer kleinen Mönchsklause am Drachensee in Ilan. Die Fahrt zum Drachensee führt von Taipei aus durch das Gedränge der verwinkelten Hafenstadt Keelung hindurch an der für ihre spektakuläre Schönheit bekannten taiwanesischen Ostküste entlang. Hier schweift der Blick vom Bus aus frei über das Meer, das sich immer neu aufschäumend an den der Küste vorgelagerten Felsen bricht. Seine unablässige Bewegung macht die entrückte Stille der dunstverhüllten Bergketten des Innenlandes, deren Ausläufer teilweise direkt bis an die Straße reichen, noch spürbarer. Es gibt einige Fischerdörfer, deren einziger Schmuck die nach taiwanesischer Art mit bunten Drachen dekorierten, geschwungenen Tempeldächer sind. Wenn der Bus dann den sandigen und populären Badestrand in Fulong hinter sich gelassen hat, erreicht er kurz darauf die kleine Stadt Ilan, alles in allem nach einer knapp zweistündigen Fahrt.

Der Drachensee liegt in grüne Hügel eingebettet außerhalb der Stadt. Damals musste man das letzte Stück des Weges am linken Seeufer entlang zu Fuß zurücklegen, da die Straße schmal und nicht asphaltiert war. Zu der Mönchsklause, dem von Bäumen und Büschen verdeckten einzigen Gebäude am See, führte eine Flucht von Steinstufen hinauf, die ich bei meinem ersten Besuch hinter meinem Führer Yang Kao-rung emporkletterte. Er wohnte damals im selben Studentenwohnheim in Taipei wie ich und hatte mir schon viel von dem Mönch am Drachensee erzählt, der, wie er sagte, trotz seiner jungen Jahre außergewöhnliche spirituelle Fähigkeiten besitze. Zum Beispiel könne er nicht nur unser jetziges Leben durchschauen und deuten, sondern auch unsere vergangenen Leben, unsere früheren Existenzen.

Als wir die schattige kleine Terrasse vor dem Tempel erreichten, kam Meister HsinTao gerade mit einer Teekanne in der Hand aus der Küche und lud uns freundlich ein, Platz zu nehmen. Wir setzten uns zu den anderen Gästen an einen flachen Steintisch, und Shih-fu, wie alle den Meister nannten, schenkte Tee ein. Yang Kao-rung stellte mich ihm vor und erklärte mit breitem Lächeln, dass ich "erst" zwanzig Jahre alt sei, seit einem halben Jahr in Taipei Chinesisch lerne und großes Interesse an chinesischer Philosophie und Religion habe.

Zum Glück wendete sich die Aufmerksamkeit der anderen Gäste bald wieder von mir ab und ihren eigenen Problemen zu, zu denen sie Shih-fu um Rat fragten. Ich verstand nicht viel von der zum Teil auf Taiwanesisch geführten Unterhaltung und sog statt dessen die Schönheit der Natur und die Ausstrahlung des Meisters in mich ein. Das fein geschnittene Gesicht mit der leisen, angenehmen Stimme und dem manchmal durchschimmernden Anflug von Verlegenheit in den Augen kam mir fast vertraut vor, obgleich diese Augen andererseits auch gleichzeitig eine innere Leuchtkraft ausstrahlten, wie ich sie noch nie erlebt hatte. Was mich besonders berührte, war die ruhige, liebenswerte und bescheidene Haltung, mit der er uns immer wieder Tee nachschenkte und Obst anbot, auf Fragen einging und Ratschläge gab, so als ob jeder einzelne von uns der wichtigste Mensch im ganzen Universum sei.

Die Bewegung der anderen Gäste schreckte mich aus meiner Betrachtung auf. Das Gespräch schien sich plötzlich um mich zu drehen, denn Shih-fu blickte mir ins Gesicht und sagte etwas, das ich nicht verstand. Nun redeten alle gleichzeitig auf mich ein, bis Yang Kao-rung das Wort ergriff und einfach sagte: "Shih-fu sagt, dass zwischen dir und ihm ein ganz tiefes *yüan* besteht."

Yüan ? Was ist das? Yang Kao-rung schien meine Verwirrung und Verlegenheit zu bemerken, denn er fügte erklärend hinzu: "*Yüan* – das bedeutet ein Band, eine Beziehung aus früheren Existenzen."

"Frühere Existenzen"? Ich war eigentlich nicht geneigt zu glauben, dass es so etwas gab. Schließlich war ich ja katholisch aufgewachsen.

Shih-fu nickte Yang Kao-rung zu und sagte dann zu mir gewendet: "Verstehst du das Wort 'Zufall', ja? Gut. Du glaubst, du seist aus Zufall hier? Nichts ist Zufall. Alles geschieht aus einem Grund. Auch das bedeutet *yüan*".

Nein, aus Zufall war ich wohl nicht zum Chinesischstudium nach Taiwan gekommen. Wenn ich die Ursachenkette zurückverfolgte, dann war da an erster Stelle mein Urgroßvater mütterlicherseits zu nennen, der im Boxeraufstand gekämpft und einige Chinoiserien mit zurückgebracht hatte. Von denen hatte mich als Kind eine hellgrüne Keksdose, die mit bezopften Gestalten in langen Gewändern bemalt war, immer besonders fasziniert. So betrachtet hatte mein Taiwanaufenthalt ja doch etwas mit einer "früheren Existenz" zu tun, und zwar mit der meines Großvaters. Dass ich wegen meines Nachnamens in der Schule immer die Referate über China und Asien aufgetragen bekam, spielte wohl auch eine Rolle, aber entscheidend war etwas anderes. Als meine Eltern jung verheiratet waren, übernahm meine Mutter die Pflege von zwei jungen Priestern, die zum Deutschstudium nach Köln gekommen und dort an der asiatischen Grippe erkrankt waren. Pater Joseph Wang, der Bruder eines dieser Priester, hatte uns dann zwanzig Jahre später, im Sommer 1978, zu einer Taiwanreise eingeladen, bei der ich den Entschluss fasste, im folgenden Jahr zum Chinesischstudium nach Taipei zurückzukehren. Zufall war das wohl alles wirklich nicht, sondern Vorsehung. Ja – göttliche Vorsehung. Ihr vertraute ich.

Es wurde Zeit zum Aufbruch. Shih-fu begleitete uns ein Stück des Weges und löste mit seinen Worten abermals Bestürzung in mir aus:

"Du bist ein Baum, der reiche Frucht bringen kann. Deswegen möchte ich deine Wurzeln in den richtigen Boden pflanzen." Meine Wurzeln waren doch schon gepflanzt – im Boden des Christentums. Wieder erriet Shih-fu meine Gedanken sofort. Er blickte mich an und sagte:

"Ich bin in Burma geboren. Als ich noch ganz klein war – vier Jahre alt –, habe ich meine Eltern im Krieg verloren. Mit dreizehn Jahren kam ich dann mit der Armee nach Taiwan. Weil ich im Krieg soviel Leid und Elend erlebt und gesehen hatte, suchte ich auf meine vielen Fragen Antwort in der Religion. Damals bin ich zwei Jahre lang zur Kirche gegangen und habe auch in der Bibel gelesen. Aber meine Fragen sind dadurch nicht beantwortet worden und meine inneren Konflikte nicht gelöst. Mit fünfzehn Jahren habe ich dann von selbst mit der Meditation angefangen und zum ersten Mal einen Weg zu innerem Frieden, zur Überwindung des Leidens entdeckt. Dieser Weg ist die Lehre des Buddha. Die will ich an andere weitergeben."

Als wir uns schließlich verabschiedeten, lud er mich ein, zu weiteren Gesprächen wiederzukommen. Auf dem Heimweg blickte ich gedankenversunken aus dem Busfenster auf das Meer, das nun schwarz und unergründlich dalag. Die hellen Fanglichter der Fischerkähne warfen schaukelnde, grünlich aufleuchtende Kreise auf das Wasser. Die Berge hüllten sich unter dem lichtdurchfluteten Sternenhimmel in Schweigen. Schließlich zupfte ich Yang Kao-rung am Ärmel und fragte ihn nochmals nach der Bedeutung von *yüan*. Zur Antwort zitierte er mit leiser Stimme eine Spruchweisheit aus dem chinesischen Volksmund:

"Mit *yüan* kommen die Menschen aus einer Entfernung von tausend *li* zusammen. Ohne *yüan* begegnen sie sich nicht, selbst wenn sie voreinanderstehen."

In diesem Sinne ist *yüan* also eine innere Affinität, die zwischen Menschen aufgrund ihres Schicksals besteht, eine Bedingung, die eine Begegnung ermöglicht. Und dieses Schicksal haben wir nach buddhistischer Auffassung durch unsere Taten, das Karma, selbst geschaffen. War ich überhaupt bereit, mich auf diese Begegnung weiter einzulassen, Shih-fus Einladung zum Gespräch anzunehmen?

Die Tagebucheintragung für diesen Tag, der, wie ich damals noch nicht wusste, dem weiteren Verlauf meines Lebens eine ganz entscheidende Richtung geben würde, endet mit dem Satz: "Ich muss wieder zu ihm zurückkehren und mit ihm sprechen. Ich hoffe nur, dass ich diesen Vorsatz durchführen kann und nicht aus dem Sinn verliere."

* * *

Aus dem Sinn verlor ich den Vorsatz, bald wieder zum Drachensee zu fahren, nicht aber die Scheu vor Shih-fu, der etwas in mir zu sehen schien, was mir selbst unklar und verborgen war, ließ mich zögern. Meine Aufmerksamkeit wurde dann auch bald wieder ganz und gar von anderen Dingen in Beschlag genommen. Dank meiner faszinierenden und strengen Chinesischlehrerin Luo Chia-rei begann ich, eine zunehmende Leidenschaft für die chinesische Sprache und Kultur zu entwickeln. Das Studentenleben in einer asiatischen Großstadt wie Taipei brachte auch ständig neue Erlebnisse, Begegnungen und Eindrücke mit sich. Und so hatte ich den Gedanken an Shih-fu ziemlich verdrängt, als mich eines Tages, mitten im Menschengewimmel einer der Haupteinkaufsstraßen Taipeis, eine Frau mit meinem chinesischen Namen ansprach und sagte:

"Mali, wie gut dass ich dich hier treffe. Erinnerst du dich nicht mehr an mich? Ich war damals doch auch am Drachensee. Shihfu fragt immer nach Dir und möchte wissen, wann Du wieder nach Ilan kommst. Hast du seine Telephonnummer? Hier ist sie, ruf ihn doch mal an."

Am selben Abend nahm ich all meinen Mut zusammen, wählte nervös die Nummer und sagte nur "Wei" (chinesisch für Hallo) in die Muschel, als der Hörer am anderen Ende abgenommen wurde. Sofort erklang Shih-fus warme Stimme:

"Mali, wann kommst Du? An diesem Wochenende? Ja, das geht." Seit meinem ersten Besuch war fast ein halbes Jahr vergangen, und dennoch hatte er mich auf Anhieb an der Stimme erkannt.

Allein zu fahren traute ich mich nicht. Daher lud ich Terry Traub, einen Mitstudenten ein, mich zu begleiten. Terry studierte in Taipei chinesische Geschichte und war, wie er sagte, an buddhistischer Meditation interessiert. Er war fast nie ohne seine Mandoline anzutreffen, die er auch diesmal auf den Weg zum Drachensee mitnahm.

Beim letzten Stück des Weges, das wir zu Fuß an dem ruhig in der Mittagssonne daliegenden See entlang zurücklegten, stieg trotz unserer munteren Gespräche wieder eine innere Scheu in mir auf. Aber ich war doch sonst nicht schüchtern. Was lag also dieser Scheu zugrunde? Die Ahnung, dass dem *yüan*, dem "Band aus früheren Existenzen" als Bedingung dafür, dass ich mich jetzt auf dem Weg zu einem buddhistischen Meister befand, eine Wirklichkeit entspricht? Das Bewusstsein, dass diese Wirklichkeit mich unbedingt etwas angeht? Dass ich mich ihr öffnen oder verschließen kann? Die Furcht vor dem Betreten unbekannten Gebietes?

Alle Scheu und Verlegenheit waren sofort vergessen, als Shih-fu uns begrüßte und ganz einfach fragte, wie wir gekommen seien und ob wir schon gegessen hätten. Dann lud er uns ein, im Tempelraum vor dem Altar Platz zu nehmen, bis das Essen fertig sei. Zwei kleine Kerzen warfen flackerndes Licht auf die im Halbdunkel geheimnisvoll in sich ruhenden Buddhastatuen, vor denen Shih-fu jetzt die Äpfel aufstellte, die wir als Geschenk mitgebracht hatten, und Räucherstäbchen entzündete. Eine anmutig sitzende Figur aus weißem Porzellan, die wie eine buddhistische Madonna aussah, erregte meine Neugier. Hatte ich nicht kürzlich in einem Buch über den Buddhismus gelesen, dass der chinesische Meditationsbuddhismus eine ikonoklastische Bewegung war, in deren Zuge Statuen aus den Tempeln verbannt und Sutren verbrannt wurden, weil man sie als Hindernisse auf dem Weg zur Erleuchtung betrachtete? Und Shih-fu war doch ein Ch'an-Meister. Warum verbeugte er sich dann mit einem solch religiösen Ernst vor dieser Statue?

"Shih-fu", fragte ich und zeigte dabei auf die weiße Porzellanfigur, "wer ist das?" Meine wirkliche, unausgesprochene Frage war eher : "Was soll das Ganze?"

"Kannst du das denn nicht sehen?", antwortete er lächelnd, "das bist doch Du."

Das bist doch Du. War ich es, die schwankte oder die Welt um mich herum? Das bist doch Du. Was sollte ich sein?

Shih-fu setzte mit leiser Stimme zur Erklärung an: "Diese Buddhafiguren sind nur Formen für das, was wir wirklich verehren. Das, was wir wirklich verehren, ist ohne Form und Gestalt. Es ist die wahre Natur unseres Herzens und Geistes, die Erleuchtungsnatur."

Auf die weiße Figur zeigend, fuhr er fort: "Das ist Bodhisattva Kuan-yin. Ein Bodhisattva hat das Gelübde abgelegt, immer wieder in diese Welt hineingeboren zu werden, um alle Wesen von Leid und Not zu retten. Bodhisattva Kuan-yin hat die Erleuchtungsnatur vollkommen verwirklicht."

"Was die Erleuchtungsnatur ist?", wiederholte er Terrys Frage und antwortete: "Reine Weisheit und grenzenlose Barmherzigkeit. Reine Weisheit bedeutet, das Ich und alles, was damit zusammenhängt, als Illusion zu durchschauen. Und grenzenlose

Barmherzigkeit ist das ganz natürliche Wirken des von der Sorge um das eigene Ich befreiten Herzens. Doch jetzt kommt mit zum Mittagesssen."

Außer Shih-fu waren drei alte Frauen, die das Essen zubereitet hatten, und sein junger Schüler Chi-kuang um den Tisch versammelt. Nach dem Essen zog sich Shih-fu zur Meditation zurück, während Terry und ich uns auf der Terrasse niederließen. Wir hingen beide unseren eigenen Gedanken nach. Was hatte dieser Bodhisattva Kuan-yin mit mir zu tun? Was wollte Shih-fu damit sagen? Musste ich mein Ich erst als Illusion durchschauen, bevor ich ihn verstehen könnte?

Terry fing an, seine Mandoline anzustimmen, und ich zog meine Mundharmonika heraus. Bald kamen wir in vollen Schwung und lockten mit unserem "Oh Susanna" Shih-fu hervor, der schmunzelnd Lee-chee Früchte und Tee vor uns hinstellte, und sich dann wieder zur Meditation zurückzog. Später am Nachmittag kamen andere Besucher, die Shih-fu mit der ihm eigenen Wärme und Herzlichkeit empfing. Störten die Menschen ihn denn nicht bei der Ausübung seiner Meditation?

"Nein", antwortete er, als ich ihn später danach fragte, "Meditation bedeutet nicht, allein in einem abgeschiedenen Raum in Meditationshaltung zu sitzen. Meditation ist Sammlung. In der Sammlung konzentriert sich der Geist und wird so einsgerichtet, dass er von nichts äußerem mehr abgelenkt wird und sich von allen Verhaftungen löst. Die Sammlung ist in Wirklichkeit der ursprüngliche Zustand unseres Geistes. Das ruhige Sitzen in Meditationshaltung hilft uns, zur Sammlung zu kommen, aber dann müssen wir weiterüben, um sie auch im Aufstehen, Gehen und Liegen, das heißt, in jeder Lebenslage, zu bewahren. Wenn wir die Menschen als störend empfinden oder die Geduld mit ihnen verlieren, dann liegt es daran, dass wir die Sammlung nicht genug geübt haben."

Ich empfand die Menschen als störend und war erleichtert, als sich nach der Heimkehr der Besucher wieder die Stille über den Tempel und den Drachensee senkte. Es war ein sternenklarer Abend. Der See lag matt schimmernd zwischen den dunklen Hügeln, die vom Gesang der Zikaden erfüllt waren. Das Wasser spiegelte am Rand das Licht vereinzelter Straßenlaternen und die Schatten überhängender Baumäste verschwommen wider. Wir saßen mit Shih-fu und Chi-kuang auf der Terrasse und betrachteten den lichterfüllten Sternenhimmel.

"Shih-fu", fragte Terry leise in die Stille hinein, "was hat der Buddha denn eigentlich beim Aufgehen des Morgensternes in der Erleuchtung gesehen?"

Wieder war es still, und selbst der Gesang der Zikaden schien einen Augenblick lang verstummt zu sein.

"Der Buddha hat damals genauso wie wir jetzt den sternenübersäten Himmel angeschaut", begann Shih-fu nach einer Weile, "und gesehen, dass jeder einzelne von diesen unendlich vielen funkelnden Sternen sein ganz eigenes Licht ausstrahlt. Dabei ist ihm aufgegangen, dass jeder einzelne von uns, ja, dass jedes Lebewesen die Erleuchtungsnatur besitzt und genauso wie jeder Stern das Licht der Weisheit ausstrahlt." Er hielt einen Moment inne und fuhr dann fort:

"Der Buddha hat weiter entdeckt, dass das Universum ein Gebilde ist, das sich aus der geistigen und physischen Welt jedes einzelnen Lebewesens zusammensetzt. Und er hat erkannt, dass unser Geist der Grundstoff ist, der die Welt bildet, und dass er unsterblich ist. Buddha, der Erwachte, hat das Wesen der Erleuchtungsnatur geschaut. Die Erleuchtungsnatur ist die Buddha-Natur. Alle Lebewesen haben die Erleuchtungsnatur. Jeder Mensch kann ein Erwachter, ein Buddha werden. Der Buddha hat als erster die Wirklichkeit der Erleuchtung entdeckt. Der einzige Unterschied zwischen uns und dem Buddha", schloss er, "ist, dass er die reine Wirklichkeit erkannt hat, während wir sie fortwährend verkennen."

"Aber Shih-fu", wagte ich einzuwenden, "wenn wir doch die Erleuchtungsnatur haben, warum verkennen wir dann die Wirklichkeit?"

"Weil wir falsche Vorstellungen hegen", erwiderte er lächelnd, "Du hast zum Beispiel die Vorstellung von einem personalen 'Ich', das von Gott geschaffen ist. Und du glaubst, dass du anders bist als alle anderen Menschen und auch anders als Gott, nicht wahr? Nun, der Buddha hat gesagt, dass keine Vorstellung von einem Ich, egal wie sie auch sein mag, der Wirklichkeit entspricht. Aus der falschen Vorstellung von einem Ich entstehen das Anhaften und das Leiden. Wenn du diese falsche Vorstellung ganz und gar aufgeben kannst, dann gibt es zwischen dir und dem Buddha nicht mehr den geringsten Unterschied."

Ich wendete den Blick unwillkürlich zum Tempel, dessen Fenster vom warmen Licht der Kerzen erleuchtet waren, und hörte innerlich nochmals Shih-fus rätselhafte Worte des Nachmittags: "Du bist Kuan-yin." Und dazu erklang wie eine zweite Melodie das eben Gehörte: "Jeder Mensch kann ein Buddha werden." Einen Augenblick lang flackerte eine freudige Ahnung leuchtend auf wie das Licht einer Kerze, wurde aber sofort wieder von rationalen Zweifeln erstickt.

"Shih-fu", brachte ich etwas aggressiv hervor, "Der Mensch kann vielleicht Buddha werden, aber er kann nicht Gott werden. Zwischen Gott und dem Menschen besteht ein Unterschied."

"Nein", antwortete er nach einer geraumen Weile ruhig und freundlich, "dieser Unterschied besteht nur in deinem Denken, nicht aber in Wirklichkeit." Damit forderte er meine Selbstverteidigung heraus.

"Shih-fu, es gibt doch einen Unterschied zwischen einem Baum und den Äpfeln. Wenn einer der Äpfel meint, er sei der Baum, dann hat er sich einfach getäuscht, weil er in Wirklichkeit halt nichts anderes ist als nur ein Apfel." Shih-fu blickte mich lange sinnierend an und sagte abschließend: "Da ist eine Stelle in deinem Denken, die dich daran hindert, zu voller Klarheit zu kommen. Diese Stelle werde ich finden und heilen."

An dem Abend schlief ich mit den drei alten Frauen auf dem Holzboden des Tempels im Angesicht der von den Kerzen erhellten Buddhas. Als ich aufwachte, sah ich, dass die alten Frauen alle in ihre Decken gehüllt meditierten. Es war vier Uhr morgens. Ich beschloss, es zum ersten Mal auch mit der Meditation zu versuchen. Eine Stunde lang bemühte ich mich, möglichst aufrecht zu sitzen, dem Atem zu folgen und aufkommenden Gedanken keine Beachtung zu schenken. Dann setzte die Müdigkeit meinen Versuchen ein Ende und ich kuschelte mich wieder in die Decken.

Als ich wieder aufwachte, war es schon hell. Draußen erleuchtete die Sonne die Hügelkuppen und Nebelschleier zogen über den stillen See. Chi-kuang fegte mit ruhigen, langsamen Bewegungen die Fliesen der Terrasse. Nach dem Frühstück brachte er uns zum Bus. Shih-fu war nur kurz zum Abschied aufgetaucht und hatte sich dann wieder zur Meditation zurückgezogen.

Wir waren die einzigen Fahrgäste und Terry fing an, auf seiner Mandoline herumzuzupfen. "Terry", fragte ich, "besteht zwischen Gott und dem Menschen ein Unterschied? Wie denkst Du darüber?" Terry spielte weiter und schwieg nachdenklich. Schließlich antwortete er: "Du bist doch katholisch. Sagte nicht Jesus, dass er und der Vater eins seien? Und, wer mich sieht, sieht den Vater? Besteht in seinem Bewusstsein ein Unterschied oder nicht? Ich glaube, dass sich Jesus ganz gut mit Shih-fu verstehen würde." Der Bus hielt, um neue Passagiere aufzunehmen. Terry setzte die Mandoline ab und sprach dann weiter:

"Geschichtlich betrachtet sind im Namen Gottes, der ein ganz Anderer ist, viele Gewalttaten und Kriege begangen worden. Denk auch an das, was Deutschland den Juden angetan hat. Im Vergleich dazu war der Buddhismus immer friedlich. Vielleicht ist es eine ganz gute Idee, kein transzendentes Absolutes anzunehmen ..." Er nahm die Mandoline wieder auf, fing an, sie zu stimmen und schloss:

"Mich interessiert die Meditation, weil sie uns einen anderen Zugang zu solchen Fragen eröffnet. Vielleicht findest Du eines Tages heraus, dass die Frage bezüglich der Unterschiede gar nicht so wesentlich ist. Dass es auf etwas ganz anderes ankommt. Vielleicht bist Du hier, um genau das zu lernen ..."

* * *

Seit meiner ersten Begegnung mit Shih-fu war fast ein Jahr vergangen. Obgleich ich in der Zwischenzeit viele Wochenenden im Tempel am Drachensee verbracht hatte, war ich noch nie allein dorthin gefahren, sondern immer nur in Begleitung von Freunden, deren Anwesenheit mir half, meine innere Scheu zu überwinden. Diese Scheu befiel mich jedes Mal spätestens auf dem letzten Stück des Weges um den See und stand in merkwürdigem Kontrast zu der beschwingten Freude und Dankbarkeit, mit der alle von uns nach ein oder zwei Tagen in Shih-fus Gegenwart wieder den Rückweg nach Taipei antraten. Während für mich jede Begegnung mit Shih-fu eine intensive Auseinandersetzung mit meinem christlichen Gottes- und Selbstverständnis auslöste, waren meine Freunde zwar von Shih-fus Ausstrahlung beeindruckt und von der ruhigen Schönheit des Drachensees begeistert, lieferten sich aber nie so intensiv dem persönlichen Gespräch aus wie ich es tat.

Mir war vieles am Buddhismus unbegreiflich, was anfangs nicht nur an meinem mangelnden Wissen über den Buddhismus, sondern auch an meinen begrenzten Chinesischkenntnissen auf diesem speziellen Gebiet lag. Um diese beiden Schwierigkeiten abzubauen, las ich zunächst alle englischen Bücher über den Buddhismus, die ich in den Büchereien auftreiben konnte und besorgte mir ein chinesisch-englisches Wörtebuch des Buddhismus.

Schwerwiegender als die Frage, ob mich mangelnde Sach- und Sprachkenntnisse am vollständigen Erfassen von Shih-fus Worten hinderten, war jedoch die Sorge, ob ich wegen meiner christlichen Grundeinstellung nur bis zu einer gewissen Grenze des Verstehens und Akzeptierens kommen könne. Bei unseren häufigen Diskussionen auch gerade christlicher Glaubensinhalte wurde mir immer mehr bewusst, wie wenig ich wirklich über meinen eigenen Glauben wusste und wie schwer es war, das, was ich wusste, Shih-fu klar und zusammenhängend darzulegen. Oft hatte ich das Gefühl, mit meinen Erklärungen an der Klarheit seiner Begriffe zu scheitern. Die Erkenntnis meines Nicht-Wissens und meiner Unzulänglichkeit brachte manche Momente existentieller Angst mit sich, in denen die Welt aus den vertrauten Fugen geraten zu sein schien. Die Angst legte sich erstaunlicherweise immer dann, wenn ich mich nicht verzweifelt bemühte, das alte Gefüge zusammenzuhalten, sondern es im Vertrauen darauf, dass sich neue Horizonte des Verstehens eröffnen würden, einfach losließ.

Die innere Gewissheit, dass die Begegnung mit Shih-fu einen Grund hatte, sei es "das karmische Band", wie er es nannte, oder die göttliche Vorsehung, wie ich das karmische Band christlich interpretierte, hatte sich nach dem ersten Jahr unserer Bekanntschaft allmählich so gefestigt, dass ich mich im Frühjahr 1981 zum ersten Mal frei genug fühlte, ohne Begleitung zum Drachensee zu fahren.

Als ich am späten Nachmittag ankam, war der Himmel von graugelblichen Gewitterwolken überzogen, und die Hügel um den See glänzten in einem sturmankündigenden Grün. Ich beeilte mich, die Treppen hochzukommen und stieß zum ersten Mal auf ein verriegeltes Tor, vor dem ein großes Schild hing. Ohne es weiter zu beachten, kletterte ich einfach über das Tor und fand Shih-fu und Chi-kuang mit Arbeiten an der neuen Küche beschäftigt vor. Sonst war niemand anwesend. Selbst die alte Frau, die immer das Essen gekocht hatte, war zum Frühjahrsfest der Gräberpflege nach Hause gefahren.

Chi-kuang klärte mich darüber auf, dass von nun an Besuche nur noch alle 15 Tage erbeten werden, weil Shih-fu sonst keine Ruhe zur Meditation habe. Und genau das stehe auf dem Schild vor dem Tor, zusammen mit der Bitte um Verständnis und Respekt für seine Klausur. Meine aufkommende Verlegenheit zerstreute Shih-fu aber sofort mit der Versicherung, dass ich eine Ausnahme sei und er mich außerdem gut als Küchenhilfe brauchen könne. Und dann bereitete er aus den von Chi-kuang und mir kleingeschnittenen Gemüse- und Tofustückchen eigenhändig das Abendessen für uns. Ich war überrascht, wie gut er kochen konnte.

Nach dem Abendessen setzten wir uns zum Tee auf die Stufen des Tempels, der uns bei dem in der Zwischenzeit aufgekommenen stürmischen Wind den Rücken schützte. Der See und die Hügel wurden durch unablässiges Wetterleuchten in ein so geisterhaftes Licht getaucht, dass ich mich unwillkürlich fragte, ob der Drache aus dem Drachensee an diesem Abend wohl in den Himmel auffahren werde, um seine Existenz unter Beweis zu stellen. Chi-kuang war aufgestanden und hatte begonnen, ein seitlich am Tempeldach aufgehängtes Holzbrett erst mit langgezogenen und dann immer schneller und kürzer werdenden Hammerschlägen zu bearbeiten. Dieses Ritual wurde jeden Abend ausgeführt und sollte den Leiden der Höllenwesen und Hungrigen Geister Linderung verschaffen.

Die buddhistische Lehre der sechs Wiedergeburtsbereiche, in denen die Wesen als Resultat ihrer Taten wiedergeboren werden, bereitete mir immer noch große Verständnisschwierigkeiten, obgleich Shih-fu oft über sie gesprochen hatte.

"Die Wesen in den sechs Wiedergeburtsbereichen haben zwar alle unterschiedliche Lebensbedingungen, aber in einem sind sie sich gleich", sagte Shih-fu, der wie immer meine Gedanken erriet, "sie sind alle erlösungsbedürftig. Die Höllenwesen und die Hungrigen Geister leiden am meisten und können nur durch große Heilige erlöst werden. Heilige, deren Entschlusskraft so stark ist wie die von Bodhisattva Kuan-yin oder von Bodhisattva Titsang. Diese Bodhisattvas haben das Gelübde abgelegt, in die tiefsten Höllen herabzusteigen, um die Wesen von ihren unermesslichen Leiden zu befreien."

"Shih-fu, gibt es diese Wesen denn wirklich?"

"Du kannst sie nicht sehen, weil du noch nicht die Kraft der meditativen Konzentration entwickelt hast", antwortete er und fügte dann mit einem kurzen Lachen hinzu, "aber als ich auf verlassenen Friedhöfen und in verfallenen Pagoden meditiert habe, sind sie immer gekommen, um mich zu ärgern. Sie haben mich erst in Ruhe gelassen, als sie merkten, dass ich keine Angst vor ihnen hatte und keinen Groll gegen sie hegte." Wieder ernst geworden, fuhr er fort:

"Denk an das, was ich dir gesagt habe, nämlich, dass das ganze Universum vom Herz-Geist der unendlich vielen Wesen geschaffen ist. Gewalt, Hass, Neid und Gier schaffen unweigerlich die Bereiche der Höllenwesen und der Hungrigen Geister. Liebe und Barmherzigkeit dagegen schaffen die Bereiche der Heiligen und der Bodhisattvas. Jeder geistigen Energie entspricht eine physische Form, die aber nicht jeder von uns gleich wahrnehmen kann." Nach einer kurzen Pause blickte er mich fragend an und sagte:

"Steht denn nicht auch in der Bibel, dass Jesus Geister austrieb? Also, gibt es diese Geister, oder nicht?" Ich wusste nicht, was ich antworten sollte, und Shih-fu sagte beschwichtigend:

"Die Frage ist eigentlich nicht wichtig. Einzig und allein wichtig ist, dass du als Mensch geboren bist. Nur die Menschen haben die einzigartige Möglichkeit, sich uneigennützig für das Gute zu entscheiden und den altruistischen Geist der Erleuchtung zu entwickeln. Das bedeutet, dass nur die Menschen den Entschluss fassen können, zur Erleuchtung zu kommen, um damit allen anderen Lebewesen zu nützen. Die Entscheidung liegt bei Dir. Alles, was ich tun will, ist, in deinem Geist die Samen der rechten Einsicht zu säen, so dass sie allmählich zur richtigen Entscheidung reifen können."

Am nächsten Morgen nahm mich Shih-fu nach dem Frühstück auf seinem alten, knatternden Motorrad zu einem Ausflug in die Berge mit. Er wollte mir dort einen seiner Lieblingsplätze für die Meditation zeigen. Als wir ankamen, waren die Berge in ein tiefes Grün getaucht, hoben sich aber gestochen scharf vom wolkenschweren Himmel ab. Am Horizont erschien ein heller Streifen klaren Himmels, der sich zusammen mit dem Dunkel der Berge in den Wasserlachen der frisch sprießenden Reisfelder widerspiegelte. Auf glitschigen Steinen überquerten wir einen quirligen Bergbach und erreichten dann einen Hain voller Birnbäume, die in weißer Blüte standen, zarte Farbtupfer auf dem undurchdringlichen Grün der Berge. Das Rauschen des Baches erinnerte mich an das Rauschen der Wiese in Todtnau, wo meine Großmutter gelebt hatte. Dass ich jemals an einem solchen Ort wie Todtnau im Schwarzwald gewesen war, kam mir jetzt wie ein Traum vor. Überhaupt kam mir mein früheres Leben in der Umgebung des Drachensees und in Shih-fus Gegenwart immer wie ein Traum vor.

"Shih-fu", fragte ich, während wir durch das feuchte Gras ein Stück am Bach entlang gingen, "wann hast du mit der Meditation angefangen?" Dabei dachte ich zaghaft an meine eigenen ersten Versuche, die ich meistens wegen Irritation über den nicht enden wollenden Fluss der Gedanken, schmerzender Knie oder Schläfrigkeit bald wieder aufgegeben hatte.

"Als ich fünfzehn Jahre alt war", antwortete Shih-fu und hob einen abgebrochenen Blütenzweig vom Boden auf. "Damals habe ich zum ersten Mal den Namen von Bodhisattva Kuan-yin gehört. Das hat mich innerlich so sehr bewegt, dass ich vor Freude und Dankbarkeit in Tränen ausgebrochen bin. Kuan-yin in ihrer unendlichen Barmherzigkeit war der Rettungsanker in meinem bisher so unsteten und richtungslosen Leben. Mit sechzehn Jahren habe ich gelobt, dass ich nicht ruhen werde, bis ich zur Erleuchtung komme. Ich hatte aber schon mit fünfzehn Jahren angefangen, regelmäßig zu meditieren. Als ich sechsundzwanzig wurde, habe ich dann mit der streng asketischen Meditation begonnen, zuerst in einer alten verfallenen Pagode in der Nähe von Taipei und dann auf dem Friedhof in Ilan, nicht weit von hier. Damals habe ich achtzehn Stunden am Tag gesessen und nur einmal am Tag eine einfache Reismahlzeit zu mir genommen."

"Aber Shih-fu", fragte ich weiter, "hat denn der Buddha nicht erst die Erleuchtung gefunden, nachdem er die strenge Askese aufgegeben hatte?"

"Richtig", erwidertete er lächelnd und gab mir den Blütenzweig, "aber zu dem Zeitpunkt hatte er ja schon sechs Jahre asketischer Praxis hinter sich. Das war die Grundlage, die seinen endgültigen Durchbruch möglich machte. Der Gedanke daran, wie beharrlich der Buddha in seiner Meditationspraxis war, hat mir immer geholfen, wenn ich aufgeben wollte."

"Aufgeben wollte?"

Shih-fu hielt inne und nahm den ganz nach innen gekehrten Gesichtsausdruck an, den ich schon so oft an ihm beobachtet hatte. Wir liefen schweigend weiter, bis er das Gespräch wieder aufnahm.

"Als ich mich in der verfallenen Pagode außerhalb von Taipei einrichtete, habe ich zum ersten Mal in meinem Leben ganz allein, fern von anderen Menschen gelebt. In den langen, dunklen Nächten hat mich damals eine schreckliche Angst vor dem Alleinsein überfallen. Die Einsamkeit ist von allen Seiten auf mich eingedrungen und war kaum auszuhalten. Dazu sind noch die Schmerzen im ganzen Körper gekommen, der sich dagegen gewehrt hat, achtzehn Stunden am Tag die Lotusposition einzuhalten. Noch schlimmer als die körperlichen Schmerzen sind jedoch die geistigen Anfechtungen gewesen. In dieser verlassenen Umgebung sind während der Meditation ständig wechselnde Emotionen im Herzen aufgekommen. Von diesen unsteten Gefühlen und Empfindungen ist die seit Urzeiten in allen von uns angelegte Sehnsucht nach Liebe am hartnäckigsten gewesen. Das Einzige, was mich davor bewahrt hat, auf diese Emotionen einzugehen oder ihnen nachzugeben, ist die Betrachtung der Vergänglichkeit gewesen. Ich habe darüber nachgedacht, wie sehr wir alle daran leiden, dass nichts im Leben immer so bleibt, wie es scheint. Nichts bleibt immer schön, nichts ist unvergänglich. Unser Herz und unser Gemüt sind ganz besonders von der Vergänglichkeit betroffen. Unsere Gedanken und Gefühle ändern sich doch ständig und führen uns an der Nase herum. Es gibt kein Gefühl, das immer anhält, keine Liebe, die ewig währt."

Keine Liebe, die ewig währt? Für die Liebe zwischen den Menschen gab es wohl in der Tat keine Garantie. Aber war Jesus nicht diese Garantie für die Liebe Gottes zu den Menschen? Doch bevor ich diesen Gedanken aussprechen konnte, fuhr Shih-fu fort:

"Manchmal waren mein Durchhaltevermögen und mein Wille, alles für die spirituelle Praxis, für die Suche nach Wahrheit, einzusetzen, ziemlich geschwächt. Aber der Friedhof in Ilan, wo ich auf die Vergänglichkeit in Form von modernden Leichen, an denen die Würmer nagten, gestoßen wurde, hat meiner Meditationspraxis einen neuen Sinn von Dringlichkeit gegeben. Durch die ständige Betrachtung des Leidens und der Vergänglichkeit bin ich allmählich ganz klar zu der Erkenntnis gekommen, dass es in dieser Welt keinen anderen Weg gibt, der so sicher ist und dem Menschen so viel Glück bringt wie die spirituelle Praxis. Und der Anblick von Haufen ausgebleichter Knochen, die an diesem unseligen und menschenverlassenen Ort dahinmoderten, hat mich mit Erbarmen erfüllt und dem erneuten Entschluss, alle Lebewesen zu retten."

Da mein Bus am frühen Nachmittag nach Taipei zurückfuhr, war es Zeit zum Umkehren. Nach dem Mittagessen brachte mich Shih-fu zusammen mit seinem Schüler Chi-kuang zur Bushaltestelle zurück. Chi-kuang belehrte mich fröhlich und wortreich darüber, dass nur der Buddhismus dem Menschen helfe, sein wahres Selbst zu finden, während alle anderen Religionen oder Ideologien dem Menschen abverlangten, sein Selbst für Gott oder für etwas Größeres aufzugeben. Shih-fu ging schweigend neben uns her. Plötzlich fragte er mich geradeheraus:

"Kannst du dir nicht vorstellen, so zu leben wie Chi-kuang und ich, und Dein Leben ganz in den Dienst der Wahrheit zu stellen?" Obgleich ich mir diese Frage schon selbst gestellt hatte, löste sie aus Shih-fus Mund einen Sturzbach der Gefühle in mir aus.

"Ich weiß nicht", antwortete ich erschrocken, "ich fühle mich noch zu jung und aktiv, um mich geduldig hinzusetzen und viele Stunden am Tag zu meditieren. Ich bin mit meinem Leben glücklich. Ich kann es nicht so radikal ändern. Ich will noch viel reisen, Erfahrungen sammeln, das Leben kennenlernen." Während ich dies sagte, fragte eine innere Stimme: Wozu all das? Hat das Leben wirklich so viel zu bieten wie du denkst? Worauf kommt es denn wirklich an? Sagt Shih-fu denn etwas anderes als Jesus, der seine Jünger ebenfalls aufforderte, alles aufzugeben und ihm nachzufolgen?

"Shih-fu", fragte ich ausweichend, "warum muss man denn in ein Kloster eintreten, um die Wahrheit zu finden? Ist das denn nicht auch im alltäglichen Leben möglich?" Wir waren inzwischen an der Bushaltestelle angelangt, und ich sah den Bus in der Ferne an der Straßenbiegung auftauchen.

"Das Leben mit seinen vorübergehenden Freuden, Sorgen und Leiden hält uns meistens so beschäftigt, dass es uns vom Wesentlichen abhält", gab Shih-fu zur Antwort, "und deshalb sagen wir, dass es eine Illusion ist. Die Suche nach Wahrheit fordert den

Einsatz all unserer körperlichen und geistigen Kräfte. Die Meditation trainiert den Körper und den Geist. Sie bewirkt, dass unser Denken zusammenhängend und schlüssig wird. Sie konzentriert all unsere Energien auf einen Punkt. Unser Denken hat nur dann die Kraft, zu einem Durchbruch zu kommen, wenn es konzentriert ist. Das Kloster bietet die beste Umgebung für die spirituelle Übung, weil es uns davor bewahrt, unsere Zeit und Energien auf nebensächliche Dinge zu verschwenden."

Der bis auf den Fahrer leere Bus hatte inzwischen die Haltestelle erreicht. Shih-fu ergriff zum Abschied meine Hand und sagte warm: "Es ist gut, dass du eifrig bist und viel lernen willst. Doch vergiss eines nicht: Nur die Meditation wird dir helfen, den Zugang zur Lehre des Buddha zu finden. Ohne sie wirst du nie ganz begreifen, worum es in den buddhistischen Schriften wirklich geht, auch wenn du sie an der Universität studiert hast und zum Abschluss sogar einen Doktortitel bekommst. Und genauso wird dir nur die Meditationspraxis helfen, dein wahres Selbst zu finden – oder, um es mit deinen Begriffen auszudrücken, deine wahre Seele, die Gottesseele. Dein wahres Selbst ist nichts anderes als Gott in dir."

Ich stieg ein, der Bus machte kehrt, und der eifrig winkende Chi-kuang und Shih-fu, der die Hand noch einmal kurz zum Abschied erhoben hatte, entschwanden langsam dem Blick. Von der freudigen Heiterkeit und inneren Ausgeglichenheit, mit der ich Shih-fu sonst meistens verlassen hatte, war diesmal nichts zu spüren. Drängende Fragen ließen mir keine Ruhe. Ist es keine Ausrede gewesen, zu sagen, dass ich noch zu "jung und aktiv" sei, um zu meditieren? Man ist nie zu jung oder zu alt, um etwas Neues zu beginnen, um sein Leben zu ändern. Steht das, was Shih-fu über die Meditation und die Entdeckung des "wahren Selbst" gesagt hat, im Widerspruch zu meinem eigenen Glauben? Nein, das bestimmt nicht. Aber inwieweit kann mein Glaube überhaupt christlich genannt werden? Ich habe kein Maß, das mir angibt, wann ich die Schwelle zwischen "noch-christlich" und "nicht-mehr christlich" zu weit übertreten habe. Gibt es eine solche Schwelle überhaupt? Haben nicht alle Religionen letztendlich das Ziel, dem Menschen den Weg der Vereinigung mit Gott zu weisen? Dieser Gott hat viele Namen, und die Methoden und der Zeitpunkt, an dem eine solche Vereinigung möglich ist, werden unterschiedlich angegeben. Aber sind diese Unterschiede nicht eher menschlich als göttlich? "Du sollst keine anderen Götter neben mir haben." Sind wir Christen nicht eher vom Gott des Ego mit seiner Gier nach Prestige, Macht und Geld bedroht als von den Lehren eines Buddha oder Mohammed oder anderer "Götzen", wie man sie früher nannte? Früher und nach herkömmlichen judeo-christlichen Begriffen wäre Shih-fu wohl als "Heide" bezeichnet worden. Ich kenne jedoch keinen Menschen, von dem ich glaube, dass er der Wahrheit näher ist als gerade er. Welcher Wahrheit? Muss ich mein bisheriges Leben und alles Vertraute aufgeben und von ihm lernen, um das herauszufinden? Vor diesem Schritt – dem Verlassen bekannten Terrains, dem Aufgeben meines alten Selbst, habe ich immer noch Angst. Es macht mir wirklich Angst – Angst, den richtigen Weg zu ergreifen und Angst, ihn nicht zu ergreifen. Was ist die Lösung?

* * *

Im Herbst 1981 kehrte ich nach Deutschland zurück und begann in München ein Sinologiestudium mit den Nebenfächern Japanologie und Philosophie. Da die Begegnung mit Shih-fu in mir ein ganz neues und dringendes Interesse am Christentum ausgelöst hatte, belegte ich für das letzte Fach hauptsächlich Kurse am Institut für christliche Weltanschauung, das damals von Prof. Eugen Biser geleitet wurde. Als ich ihm mein Interesse am Buddhismus mitteilte, sprach er von Romano Guardinis Äußerungen zum Buddhismus und zitierte ihn wörtlich: "Einen einzigen gibt es, der den Gedanken eingeben könnte, ihn in die Nähe Jesu zu rücken: Buddha. Dieser Mann bildet ein großes Geheimnis. Er steht in einer erschreckenden, fast übermenschlichen Freiheit;

zugleich hat er dabei eine Güte, mächtig wie eine Weltkraft. Vielleicht wird der Buddha der Letzte sein, mit dem das Christentum sich auseinanderzusetzen hat." Prof. Biser war allen buddhistischen Seminarthemen gegenüber sehr aufgeschlossen, vor allem auch deswegen, weil der Buddhismusforscher und Jesuit Heinrich Dumoulin Seminare am Institut gehalten hatte.

Shih-fus Worte, dass ich ohne die Meditationspraxis den letzten Zugang zu den buddhistischen Schriften nicht finden könne, hatten sich tief in meinem Bewusstsein eingegraben. Und daher fing ich an, morgens regelmäßig eine Stunde zu meditieren. Dabei befolgte ich die Methode, die Shih-fu mir erklärt hatte. Wichtig ist die korrekte Körperhaltung mit aufrechtem Rückgrat und fest auf dem Boden ruhenden Knien, da so die geistige Konzentration unterstützt wird. Für Anfänger ist es am besten, sich ganz auf den Atem zu konzentrieren, mit dem Atem eins zu werden, und, wenn Gedanken und Emotionen wahrgenommen werden, diesen nicht zu folgen, sondern die Aufmerksamkeit immer wieder auf den Atem zurückzulenken.

Im Sommer 1983 nahm ich zum ersten Mal an einem Zen-Sesshin teil, das unter der Leitung von Pater Enomiya Lassalle im Mediationshaus St. Franziskus in Dietfurt stattfand. Pater Lassalle war der Schüler von Yamada Kôun Rôshi, der in seinem Zentrum in Kamakura viele christliche Zen-Lehrer ausgebildet hatte, die jetzt in Deutschland, Spanien, England, Japan, Australien, den Philippinen und in den USA lehren. Die Begegnung mit Pater Lasalle und die sich daran anschließende Zen-Praxis, die ich auch ab 1987 unter Yamada Rôshi in Japan fortsetzte, eröffneten mir einen Weg zur Lösung der existentiellen Fragen, die die Begegnung mit Shih-fu in mir aufgeworfen hatte. Beide Lehrer bestärkten mich in dem Vertrauen, dass man auch als Christ den Weg der Erleuchtung beschreiten könne. Dieser ist nämlich letztendlich ein Läuterungsweg, in dem der Mensch alle ich-bezogenen Vorstellungen und Emotionen nach und nach vollständig ablegt, um ganz und gar frei und transparent zu werden für die Gnade und das Wirken Gottes, oder, buddhistisch ausgedrückt, für das Wirken von Weisheit und Barmherzigkeit.

Im Oktober 1983 hatte ich die Gelegenheit, anlässlich einer Konferenz zum vierhundertjährigen Jubiläum von Matteo Riccis Ankunft in China wieder nach Taiwan zu reisen. Mit Shih-fu hatte ich während der vergangenen zwei Jahre in einem nur sehr sporadischen Briefkontakt gestanden. Als ich ihn jetzt von meiner baldigen Ankunft in Taiwan benachrichtigte, kam jedoch postwendend ein Brief zurück mit der überraschenden Nachricht, dass er jetzt nicht mehr am Drachensee wohne, sondern einen neuen Tempel in den Bergen hinter dem Badestrand Fulong gegründet habe.

"Steige in Fulong aus dem Bus und gehe die Straße weiter entlang, bis du rechter Hand ein Schild mit dem Hinweis 'Ling-chiu shan, Tempel des Ungeborenseins' findest. Folge dem Weg in die Berge hinauf, bis du nach etwa vierzig Minuten an den taoistischen Schrein Kung-nan Kung kommst. Von dort geht ein gewundener Pfad mit Treppenstufen rechts ab, über den du direkt den Tempel des Ungeborenseins erreichst."

Nach dem Ende der Konferenz nahm ich in strömendem Regen den Bus, der über die Ostküstenstrecke nach Ilan führt. Nach der Hafenstadt Keelung ließ der Regen allmählich nach und enthüllte das tiefgrün bewegte, an der Küste wild aufpeitschende Meer. Die Berge waren wolkenverhangen und wirkten noch unnahbarer als sonst. Der Badestrand in Fulong, den ich zu meiner Studentenzeit oft mit meinen Mitstudenten besucht hatte, war diesmal menschenleer.

Ich stieg aus und fand nach kurzem Fußmarsch die Abzweigung mit dem Hinweisschild "Ling-chiu shan." Die "Geierspitze", was Ling-chiu shan bedeutet, ist ein Berg in Indien, an dem der Buddha das *Lotus Sûtra* gelehrt hatte. Und das *Lotus Sûtra* ist einer der grundlegenden Texte des Mahâyâna Buddhismus, in dem die Lehre des Bodhisattva-Weges am Beispiel von Kuan-yin verkündet wird. Im *Lotus Sûtra* steht auch die Voraussage, dass alle Wesen am Ende der Zeiten in das Paradies der Geierspitze eingehen werden.

Als ich mit meinem Reisebeutel auf dem Rücken den Aufstieg begann, kam die Sonne heraus und tauchte die ganze Küste in ein goldenes Abendlicht. Die Wolken lösten sich allmählich auf, stiegen wie lichterfüllte Dampfschwaden an den Bergen hoch und gaben den Blick auf die grünen Hügelketten des Hinterlandes frei. Als ich von dem Naturschauspiel ganz benommen an dem taoistischen Schrein ankam, tauchte eine freundliche alte Frau auf, die mir mit zahnlosem Lächeln eine Tasse Tee anbot und dann den Weg zu Shih-fus Tempel zeigte.

"Du must Mali sein", wurde ich wenig später bei meiner Ankunft von zwei jungen Nonnen begrüßt, die draußen auf der Terrasse ins Gespräch vertieft gesessen hatten und mir nun freudestrahlend entgegenliefen. "Wir haben schon so viel von dir gehört. Shih-fu, Mali ist hier!"

Ich folgte ihrem Blick und sah Shih-fu hinter einer Tür auftauchen, die direkt in den Felsen zu führen schien. Er kam langsam den Weg zur Terrasse herüber. Aus der Entfernung konnte ich ihn kaum wiedererkennen. Wirres, bis auf die Schultern reichendes Haar und ein langer, dünner Bart verliehen ihm ein wildes Aussehen, das mich im ersten Moment befremdete. Doch der leuchtende Blick seiner Augen war derselbe geblieben.

Ohne viele Worte zu machen, nahm er mich zu dem kleinen, neuerbauten Tempel mit, wo ich ungeschickt Reis und Räucherstäbchen opferte. Danach führte er mich zu der Tür weiter oben am Berg, die den Eingang zu einer kleinen Höhle freigab. Die Höhle hatte eine Fensteröffnung und war bis auf ein Stück Holzboden, auf dem eine Matte lag, kahl. Meinen verwundert fragenden Blick auffangend lud Shih-fu mich ein, ihm auf der Matte gegenüber Platz zu nehmen und sagte:

"Diese Höhle habe ich vor zwei Jahren entdeckt, als ich nach einem abgeschiedenen Ort für die Meditation suchte. Zum Drachensee sind jeden Tag immer mehr Menschen gekommen, so dass ich dort meine Praxis nur noch sehr mühsam fortsetzen konnte. Also bin ich hierhin umgezogen. Diese Höhle hat eine ungewöhnliche Innenatmosphäre. Sie bleibt im Sommer kühl und im Winter warm."

"Shih-fu, woraus besteht denn deine Praxis?", fragte ich verlegen, um etwas zu sagen.

"Die Methode, die ich befolge", antwortete Shih-fu leise, "stammt aus dem tibetischen Buddhismus. Als Asket verzichtet man auf feste Nahrung und schneidet sich auch nicht die Haare. Das einzige, was ich zur Zeit zu mir nehme, ist Wasser und eine chinesische Medizin, die unter der Rezitation von Mantras zubereitet wird und dazu dient, die Körpertemperatur konstant zu halten. Das Fasten ist nämlich für die Meditation sehr hilfreich. Bei der Meditation geht es ja darum, nach und nach in immer feinere Bereiche des Geistes einzudringen, um den Grad der Erkenntnis noch zu vertiefen. Das Fasten unterstützt diese Übung. Trotzdem", unterbrach er sich und blickte mich forschend an, "eine leichte Übung ist die spirituelle Praxis nicht. Man vergleicht sie mit dem Eintritt in ein Schlachtfeld. Du musst dich mit ständiger Achtsamkeit wappnen, um das körperlich-geistige Gleichgewicht zu behalten und es nicht durch negative geistige Zustände zu verlieren. Durch negative Gedanken und Emotionen verlierst du nämlich die Fähigkeit, zwischen Illusion und Wirklichkeit zu unterscheiden. Und damit geht die aus der Meditation gewonnene körperliche und geistige Energie wieder verloren. Ohne diese Energie kannst du nichts bewerkstelligen, weder für dich selbst noch für die unendlich vielen leidenden Wesen, die deiner Hilfe bedürfen. Verstehst du das alles?"

"Ja", antwortete ich zögernd, "natürlich, aber ..."

"Das ist es ja gerade", unterbrach mich Shih-fu mit Nachdruck in der Stimme, "du hast mich immer auf Anhieb verstanden wie wenige andere. Ich möchte, dass du diesmal meine Schülerin wirst. Ich brauche deine Hilfe."

"Meine Hilfe? Wobei?", brachte ich überrascht hervor.

"Ich werde in Zukunft in viele Länder der Welt reisen. Es gibt überall so viele Menschen, die noch nie etwas von der Lehre des Buddhismus gehört haben. Ich will sie zu ihnen bringen, um ihnen einen Weg der Befreiung zu geben. Du kannst das, was ich sage, in viele Sprachen übersetzen. Du kannst mir helfen, so viele Menschen zu erreichen", antwortete Shih-fu mit einem nach innen gekehrten, konzentrierten Gesichtsausdruck, so dass ich mich unwillkürlich fragte, ob er in diesem Moment die Zukunft sah.

"Shih-fu", sagte ich nach einer langen Pause, in der wir uns schweigend gegenübersaßen, "ich weiß nicht, was die Zukunft bringt. Ich weiß nur, dass ich zuerst mein Studium zu Ende führen will. Und dann kann ich entscheiden, ob ich deine Schülerin werden will." In Wirklichkeit hegte ich Zweifel an dem, was Shih-fu mir gerade eröffnet hatte. Wieso würde er in die ganze Welt reisen? Nichts schien doch darauf hinzudeuten, und am allerwenigsten der asketische, eremitische Lebensstil, den er bisher geführt hatte.

"Komm", erwiderte er, "ich will dir etwas zeigen." Ich folgte ihm aus der Höhle heraus und hinunter bis zur Terrasse, von der aus der Blick frei über die Küste und das Meer schweift.

"Siehst du, wie das Meer in den Himmel übergeht und der Himmel in das Meer?" Es stimmte. Das Meer spiegelte den rötlich leuchtenden Abendhimmel so klar wider, dass der Horizont kaum wahrzunehmen war.

"Ich will, dass dein Geist genauso weit wird wie der Himmel", begann Shih-fu, "genauso umfassend und ungehindert. Dann erst kann er die Leere erfassen – nicht das Konzept der Leere, das in deinem Kopf herumspukt, sondern die reine Wirklichkeit ..." Er wendete den Blick auf mich und fuhr fort:

"Leere bedeutet, dass dein Geist keine Hindernisse und dein Denken keine Lücken mehr hat. Wenn dein Geist frei von den Hindernissen ist, die durch ichverhaftete Vorstellungen erzeugt werden, dann öffnet er sich ganz der Wahrheit. Dann lebst du nicht mehr nur für dich selbst, sondern für alle Wesen in Bedrängnis, Not und Leid. Dann hast du die Weisheit und das Erbarmen eines Bodhisattva." Nach einer kleinen Pause fügte er lächelnd hinzu:

"Doch jetzt ist dein Geist noch nicht ohne Hindernisse. Selbst während du auf das Meer blickst, ist dein Denken nicht frei von ichbehafteten Vorstellungen."

"Welche Vorstellungen?", fragte ich halb überrascht und halb entrüstet, denn ich hatte mir eingebildet, dass ich bislang nur aus reinem Schauen und Hören bestanden hätte.

"Du glaubst, dass du nicht meine Schülerin werden kannst, weil du aus einem anderen Kulturbereich, nämlich dem deutschen und christlichen stammst, nicht wahr?"

"Ja," musste ich zugeben, genau das hatte ich geglaubt.

"Höre", sagte Shih-fu und berührte mich leicht am Arm, "dass du in Deutschland geboren bist, hängt einzig und allein mit dem *yüan*, mit deinem Karma, zusammen. Es hat dir Intelligenz und eine deutsche, logische Denkweise beschert. All das ist sehr gut und nützlich, und ganz besonders auch für das Verständnis und die Praxis des Buddhismus. Bei der religiösen Praxis ist es nämlich wie beim Lernen. Dazu gehört Intelligenz. Ohne Intelligenz kannst du die ganze Wahrheit wohl nur schwerlich erfassen. Um der Wahrheit ganz auf den Grund gehen zu können, brauchst du ein günstiges Karma. Das ist etwas, was du in früheren Existenzen geschaffen haben musst."

Ich blickte ihn abwartend an und er sprach mit einem in die Ferne gerichteten Blick weiter:

"Wenn du dich, angefangen von den weit in der Vergangenheit zurückliegenden Existenzen, in jedem Leben immer wieder darum bemüht hast, der Wahrheit auf den Grund zu gehen; wenn du die Wahrheit immer geachtet und geliebt hast, wenn du dich für sie geopfert hast, dann ist dir dadurch heute erst die Möglichkeit gegeben, die gesamte Wahrheit zu erfassen, und das wahrscheinlich sogar mit Leichtigkeit ..., aber", schloss er mit einem ermutigenden, wieder auf mich gerichteten Lächeln, "dazu musst du lernen, dir kein Bild von dir selbst zu machen. Klammere dich nicht an dein deutsches Ich und auch nicht an deine christlichen Vorstellungen. Lass beides nicht zu Hindernissen, sondern zur Hilfe auf dem Weg zur Wahrheit werden."

Das Abendessen war von derselben, schweigend lächelnden, alten Frau gekocht worden, die auch schon am Drachensee die Mahlzeiten zubereitet hatte und dort jeden Morgen um vier zur Meditation aufgestanden war. Der einzige Unterschied bestand darin, dass sie in der Zwischenzeit Nonne geworden war und wie die beiden anderen einen kahlgeschorenen Schädel hatte. Die rundlich gewichtige Nonne Fa-hsing mit ihrer kräftigen Kommandostimme und die kleine kindliche Nonne Liao-yi, die immer so zutraulich hinter ihrer Brille hervorblickte, waren noch im Jahr 1981 am Drachensee in die Hauslosigkeit gezogen und Shih-fu erst kürzlich zum Ling-chiu shan nachgefolgt. Chi-kuang, erzählten sie mir, sei in einen eigenen kleinen Tempel in der Nähe von Ilan umgezogen, wo er als Einsiedler praktiziere.

Außer der mit einem Wellblechdach bedeckten behelfsmäßig eingerichteten Küche und dem kleinen Tempel gab es noch keine anderen Gebäude auf dem Berg. Deshalb schlief ich an dem Abend mit den drei Nonnen in einem kleinen Seitenraum des Tempels auf dem Holzfußboden.

Lag es an meiner Unterhaltung mit Shih-fu vom Nachmittag oder an der magischen Atmosphäre des schwach durch flackerndes Kerzenlicht erhellten Tempels, dass ich kaum ein Auge zutat? Gegen Morgen fiel ich in einen unruhigen Schlaf, aus dem mich ein seltsamer Traum aufschreckte. In diesem Traum sah ich fünf Vollmonde, die an einem unendlichen, blauschwarz gewölbten Nachthimmel umeinander kreisten. Das Licht der Monde strahlte mit einer solchen Intensität, dass mein Blick gebannt war und ich dieser Intensität gleichzeitig kaum standhalten konnte.

Zitternd fuhr ich aus dem Schlaf hoch und sah zu meiner Beruhigung, dass das Morgenlicht sanft in den Tempel flutete. Die drei Nonnen saßen in ihre Decken gehüllt in Meditation da. Ich schlief wieder ein und hörte beim Aufwachen die muntere Stimme von Fa-hsing aus der Küche herüberschallen.

"Mali", begrüßte sie mich, als ich noch immer durch die Intensität des Traumes verstört zum Frühstück erschien, "Shih-fu sagt, dass du heute seine Schülerin wirst." Auf meinen entsetzt ungläubigen Blick brachen sie und Liao-yi in heiteres Lachen aus und riefen mir dann kichernd zu: "Keine Angst! Du behältst deine schönen blonden Haare. Du sollst ja nicht Nonne werden, sondern Shih-fus Laienschülerin." Laienschülerin? Das war ich doch schon lange. Was meinten sie nur?

Nachdem ich mein Frühstück – heißen Reisbrei – beendet hatte, ergriff Liao-yi meine Hand und führte mich die Treppe zu Shih-fus Höhle hinauf.

"Mali", begrüßte er mich munter, "hast du gut geschlafen? Sag mir, was du geträumt hast." Merkte er mir etwas an?

"Träume enthalten oft eine Botschaft", fuhr Shih-fu fort und musterte mich aufmerksam, "und deshalb frage ich meine Schüler bei besonderen Anlässen immer, was sie in der Nacht zuvor geträumt haben. Der besondere Anlass heute ist, dass du offiziell meine Schülerin wirst. Das ist ein Schritt, der das *yüan,* das geistige Band zwischen Lehrer und Schüler, festigt. Selbst wenn du in der Zukunft nie mehr zu mir zurückkehren solltest, wird dieses Band weiterbestehen und dir helfen. Es bewirkt nämlich, dass du auch in zukünftigen Existenzen immer wieder die seltene und wertvolle Gelegenheit haben wirst, der Lehre des Buddha zu begegnen." Wahrscheinlich las er mir den Zweifel vom Gesicht ab, denn er fügte mit einem warmen Blick hinzu:

"Die Tatsache, mich als Lehrer anzunehmen, wird dich in keinerlei Glaubenskonflikt bringen. Ich weiß, dass du an Gott glaubst – über allem Karma. Aber das ist kein Hinderungsgrund. Und nun, hast du etwas geträumt?" Als ich von meinem Traum erzählte, leuchteten seine Augen auf. "Fünf Monde – das ist ein gutes Omen", sagte er freudig und stand auf, "der esoterische Buddhismus unterscheidet nämlich fünf Aspekte der Weisheit, die durch die fünf Weisheitsbuddhas symbolisiert werden. Wirklich, das ist ein gutes Omen. Aber komm jetzt mit zum Tempel."

Ich folgte ihm und merkte zu meiner Verwunderung, dass mein innerer Widerstand und die Beklemmung des Morgens in Freude umgeschlagen waren.

"Kannst du dich vor dem Buddha verneigen?" fragte Shih-fu mich, als wir wenig später vor dem Altar standen, und fügte als Erklärung hinzu: "Der Buddha ist kein Gott, sondern ein Lehrer, der uns den Weg zur Herzensweisheit erschlossen hat. Wenn wir daher den Buddha verehren und unsere Zuflucht zu ihm nehmen, dann bedeutet das, dass wir die erleuchtete Natur unseres eigenen Herzens und Geistes hochachten, dass wir uns ganz dem Buddha in uns anvertrauen. Und wenn wir uns vor dem Dharma, der Lehre des Buddha verneigen, dann bedeutet das, dass wir uns vor der wahren Form alles Seienden verneigen. Der Sangha ist die Gemeinschaft der Schüler des Buddha. Unsere Zuflucht zum Sangha zu nehmen bedeutet, uns ganz der reinen Lebensführung hinzugeben, in der jede Handlung Ausdruck unserer wahren Natur, unserer Herzensweisheit ist."

Ich sprach Shih-fu die drei Zufluchten zu Buddha, Dharma und Sangha nach und fügte ihm folgend hinzu:

"Alles schlechte Karma, das ich von Alters her geschaffen habe, bereue ich heute vor dem Buddha.
Ich bitte, dass alle Wesen das Leiden verlassen und die Erleuchtung finden mögen."

Danach führte er mich vor die weiße Kuan-yin Figur und fragte: "Kannst du dich noch an das erinnern, was ich dir über das Gelübde Kuan-yins gesagt habe?" "Das Gelübde, immer wieder in diese Welt hineingeboren zu werden, um Menschen in Leid und Not zu helfen?", erwiderte ich und dachte dabei an den Nachmittag vor drei Jahren, als ich Shih-fu zum ersten mal über die geheimnisvolle weiße Gestalt befragt hatte.

"Richtig", antwortete er und forderte mich dann auf, ihm auch das Bodhisattva-Gelübde nachzusprechen.

"Lebewesen sind zahllos.
Ich gelobe, sie zu retten.
Illusionen sind unerschöpflich.
Ich gelobe, sie aufzugeben.
Die Tore der Lehre sind unbegrenzt.
Ich gelobe, sie zu öffnen.
Der Weg der Erleuchtung ist unübertroffen.
Ich gelobe, ihn zu verkörpern."

Während ich Shih-fu die Worte des Bodhisattva-Gelübdes nachsprach, begannen meine Knie immer stärker zu zittern. Plötzlich hörte ich undeutlich, wie Shih-fu zu Fa-hsing und mir gewandt sagte: "Die Statue bewegt sich!" Ich blickte benommen auf, konnte aber nicht erkennen, wie es sich mit der Statue verhielt, weil ich selbst zitterte. Außerdem war ich mir nicht sicher, ob ich Shih-fu richtig verstanden hatte. Er aber war fest davon überzeugt, dass sich die Statue bewegt hatte und nahm dies zusammen mit dem Traum von den fünf Monden als Anzeichen dafür, dass ich die nötigen Voraussetzungen für den spirituellen

Weg hätte. Zum Abschluss gab er mir den Dharma-Namen Hui-yüeh, Mond der Weisheit.

Am Nachmittag des nächsten Tages machte sich Pater Joseph Wang mit vier Gemeindeschwestern auf den langen Weg zum Tempel des Ungeborenseins, um mich abzuholen und bei der Gelegenheit Shih-fu, von dem ich ihm schon so oft viel erzählt hatte, endlich einmal selbst kennenzulernen. Ich befürchtete, dass Shih-fus wildes Äußeres alle abschrecken würde, aber das schien nicht der Fall zu sein. Pater Joseph und Shih-fu begegneten sich vom ersten Augenblick an so herzlich wie Freunde, die sich seit langer Trennung zum ersten Mal wiedersehen. Nachdem Shih-fu uns in den Tempel geführt und eigenhändig Obst und Tee gebracht hatte, ließ er sich neben Pater Joseph nieder und verwikkelte ihn in ein angeregtes Gespräch über die Aufgabe der Seelsorge, die ihnen beiden, wenn auch unter anderen Vorzeichen, gemein ist.

Ich betrachtete das Duo mir gegenüber in tiefer Dankbarkeit. Während Shih-fu für mich eine ständige spirituelle Herausforderung darstellte, war Pater Joseph auch schon während meiner Studentenzeit in Taiwan meine beständige seelische Stütze gewesen. Damals hatte ich mit ziemlicher Regelmäßigkeit die Sonntage in der herzlichen und familiären Atmosphäre seiner Missionsstation in Keelung verbracht. Ganz zu Anfang hatte ich ihm jedoch aus Sorge, dass er als katholischer Priester und Freund meiner Eltern Vorbehalte gegen mein erwachtes Interesse am Buddhismus äußern könnte, nur zögernd von Shih-fu und meinen Besuchen am Drachensee erzählt. Doch diese Sorge hatte sich als völlig unbegründet herausgestellt. Als ich ihm nämlich später mein Ausbleiben an manchen Sonntagen mit meinen Fahrten zu Shih-fu erklärte, sagte er ermutigend:

"Von den Buddhisten können wir Christen sehr viel lernen, und ganz besonders, was die spirituelle Übung betrifft. Mein bester Freund ist ein alter Mönch aus einem Tempel hier in Keelung gewesen. Jetzt lebt er nicht mehr, aber früher habe ich ihn regelmäßig besucht, um mich mit ihm zu unterhalten. Fahr du nur zu dem Meister am Drachensee und lerne dort, was es zu lernen gibt. Es ist meine Erfahrung, dass uns die Buddhisten helfen, bessere Christen zu werden."

Die damals so oft durch Shih-fu in mir ausgelösten Wogen seelischen Aufruhrs waren durch Pater Josephs Gegenwart meistens wieder geglättet worden, auch ohne dass ich jemals darüber gesprochen hatte, was in mir vorging. In den Zeiten, in denen mir vieles am christlichen Weltbild intellektuell unhaltbar erschienen war, hatten mir Pater Josephs Frömmigkeit und die einfache, von den langgezogenen Gesängen der taiwanesischen Eingeborenen begleitete Feier der Eucharistie wieder das Vertrauen darauf zurückgegeben, dass auch die christliche Wahrheit viel tiefer war, als ich mit meinen begrenzten Mitteln erkennen konnte, und die göttliche Vorsehung größer als mein menschlicher Zweifel.

Inzwischen waren die Schwestern in munterem Gespräch von einer durch Fa-hsing und Liao-yi angeführten Besichtigungstour zurückgekehrt. Pater Joseph drängte plötzlich in seiner typischen, charmanten Ruhelosigkeit zum Aufbruch. Shih-fu und Pater Joseph schüttelten sich zum Abschied unter der gegenseitigen Versicherung, dass sie noch viel voneinander zu lernen hätten, lange die Hände. Dann wendete Shih-fu sich mir zu und sagte einfach: "Mali. Hui-yüeh. Vergiss deinen neuen Namen nicht. Und komm wieder zurück."

* * *

Im Herbst 1992 besuchte uns Pater Joseph in Dallas, wo ich seit meiner Heirat im April 1990 lebte. Wir hatten inzwischen einen knapp einjährigen Sohn, Florian, und Benjamin war unterwegs. Ruben, mein Mann, unterrichtete vergleichende Religionswissenschaften an der Southern Methodist Universität, wo auch ich Kurse über chinesische Religion und Kultur hielt.

Ruben hatte ich 1987 in Japan kennengelernt. Dort hatte ich im April 1986 mein dreijähriges Studium des chinesischen Buddhismus an der Kyôto Universität begonnen, das mit meiner Promotion an der Ludwig Maximilians Universität in München im März 1990 seinen Abschluss fand. Ruben war wie Pater Enomiya Lassalle, unter dessen Leitung ich auch in Shinmeikutsu meine Zenpraxis fortgesetzt hatte, Schüler von Yamada Kôun Rôshi und erhielt 1988 die Lehrerlaubnis. Zur Zeit von Pater Josephs Besuch steckte das von uns kurz vorher begründete Maria Kannon Zen-Center in Dallas noch ganz in den Anfängen.

"Weißt du eigentlich, dass dein Meister Hsin Tao in Taiwan ganz bekannt geworden ist?", fragte mich Pater Joseph beim Abendessen und nickte bekräftigend mit dem Kopf, als er meinen überraschten Gesichtsausdruck sah. Mein Kontakt zu Shih-fu hatte in den letzten Jahren nur aus dem gegenseitigen Austausch von Neujahrsgrüßen und meinen Heirats- und Geburtsanzeigen bestanden, aber Näheres wusste ich nicht über ihn.

"Er will ein Museum der Weltreligionen bauen, und das hat in allen Zeitungen gestanden.", fuhr Pater Joseph fort, "du würdest das Kloster auf Ling-chiu shan nicht wiedererkennen, so viele Nonnen und Mönche leben jetzt dort. Ich kenne sie alle gut, weil sie zu meinem Missionskrankenhaus in Keelung kommen, wenn ihnen etwas fehlt. Shih-fu und ich telephonieren oft miteinander. Aber in letzter Zeit ist er ständig unterwegs. Er reist durch die ganze Welt, um Material für das Museum zu sammeln und Kontakte zu knüpfen."

Ich traute meinen Ohren kaum. Shih-fu reiste durch die ganze Welt, wie er es mir vor zehn Jahren vorausgesagt hatte? Also stimmte es doch? Pater Joseph unterbrach meinen Gedanken, indem er hinzufügte: "Shih-fu hat vor kurzem ein neues Zentrum in New York gegründet, wo er jedes Jahr hinreist, um Kurse zu halten." Um Kurse zu halten? Seit ich Shih-fu kannte, hatte er noch nie einen "Kurs" gehalten, zumindest nicht bis zum Januar 1988, als ich ihn von Japan aus zum letzten Mal in Ling-chiu shan besucht hatte.

Damals waren auf dem Berg eifrige Bauarbeiten im Gang gewesen, um Unterkünfte für die ständig wachsende Zahl von Nonnen, Mönchen und Besuchern herzustellen. Eine große Küche mit angrenzendem Speisesaal war schon fertig und ein neuer Tempel gebaut worden, der eine goldene Figur des liegenden Buddhas, vor dem eine nepalesische Kuan-yin mit tausend Armen stand, beherbergte.

Shih-fu war mit der Besichtigung der Bauarbeiten beschäftigt, aber wie immer offen für meine Fragen. Doch seine feste Ansicht, dass nur das Leben in der Hauslosigkeit, das heißt, als ordinierter Mönch oder ordinierte Nonne, zur vollen Erkenntnis der Wahrheit führen könne, nährte damals meinen inneren Widerstand. Hatte mir nicht Pater Lassalle bezüglich dieser Frage geantwortet, dass es im Zen-Weg hauptsächlich darum gehe, sich vom eigenen Ego zu befreien, und dass das ja nicht automatisch durch den Eintritt in ein Kloster geschehe? Also glaubte ich, Shih-fu über die Vorteile des Laienweges aufklären zu müssen. Dazu hob ich auch das Beispiel des Christentums als einer Religion hervor, in der allen Menschen ganz unabhängig davon, ob sie im Kloster oder in der Welt leben, das endgültige Heil verheißen ist.

Doch Shih-fu stellte zur Antwort wie immer sofort mein Verständnis des Christentums auf die Probe. Ist der Gott des Alten Testaments, der das Heer der Ägypter in den Fluten untergehen ließ, derselbe liebende Vater, den Jesus verkündete? Und kann die Vorstellung von einem in den Geschichtsverlauf eingreifenden Gott buddhistischer Lehre und Logik standhalten? Sind die Kreuzzüge, die Hexenverbrennungen, Grausamkeiten missionierender Mächte und Religionskriege nicht ein Zeichen dafür, dass eine Lehre, um derentwillen so viel Blut vergossen wird, unvollkommen sein muss?

Mein Mangel an theologischen Kenntnissen und meine innere Abwehrstellung verhinderten es damals, dass wir bei unseren Dikussionen solcher und anderer Fragen auf einen gemeinsamen Nenner kommen konnten. Abends unterhielt ich mich lange mit der kleinen Nonne Liao-yi, die in ihrer sanften Art etwas sagte, das wie ein Blitz einschlug und meinen Widerstand dahinschmelzen ließ: "Wenn ich denke, dass Shih-fu unrecht hat, dann suche ich den Fehler zuerst bei mir. Warum denke ich, dass er unrecht hat?"

Liao-yi erklärte mir auch, wie Shih-fu seine Schüler führt. Sie sprach davon, dass sie alle mindestens vier Stunden am Tag meditieren sollten, dass aber Zeit und Ort dafür ihrer individuellen Wahl überlassen seien. Das Studium der buddhistischen Schriften gehöre natürlich auch zu ihrer Ausbildung. Besonders wichtig seien dabei das *Herz Sûtra*, und das *Diamant Sûtra*, über die Shih-fu oft Lehrgespräche halte. Von den Mantras sei das Mantra des großen Erbarmens der tausendarmigen Kuan-yin besonders effektiv, und deshalb bestehe Shih-fu darauf, dass seine Schüler es auswendig lernen und unablässig rezitieren. Shih-fu sei ein sehr strenger Lehrer und wisse genau, ob die Schüler bei ihrer Praxis eifrig seien oder nicht. Wenn nicht, kritisiere er sie in Grund und Boden, was Liao-yi aber als Ausdruck seines großen Erbarmens verstand. Gemeinsame tägliche Meditationszeiten gebe es nicht, auch keine einwöchigen Sesshin, wie ich sie aus Japan kannte. Obgleich Shih-fu der Lin-chi (Jap. Rinzai) -Tradition angehöre, benutze er keine Kôans zur Überprüfung der Schüler, sondern fordere ihre Reaktionen in Situationen des täglichen Lebens heraus. Keine Meditationskurse also, aus denen bislang meine Erfahrung im Zen bestanden hatte.

Doch das hatte sich in der Zwischenzeit geändert. Im Frühjahr 1994 erhielt ich eines Tages einen Telephonanruf von der rundlichen Hauptnonne Fa-hsing, die mit ihrer unverändert kräftigen Stimme ins Telephon rief: "Mali! Hui-yüeh! Shih-fu hat gerade einen Meditationskurs für seine Schüler in Massachusetts gehalten, und jetzt sind wir im One Center in New York. Da staunst du? – Hör mal, würdest du uns helfen, ein Buch von Shih-fu ins Deutsche zu übersetzen? Wir schicken dir das Material zu!"

Ein Jahr später besuchte ich Shih-fu mit Ruben und den Kindern im One Center in der Platt Street, im Herzen Manhattans. Im Ausstellungsraum des zweiten Stockwerkes konnte ich anhand von Photos und Dokumenten die unglaubliche Entwicklung verfolgen, im Zuge derer sich aus einer Handvoll von Eremiten die Ling-chiu shan Klostergemeinschaft und Laienorganisation entwickelt hat, die heutzutage in Taiwan die drittgrößte ist.

Ling-chiu shan hat jetzt einen eigenen Verlag, der zahlreiche Bücher und Kassetten mit Shih-fus Lehrgesprächen herausgibt. Die Zeitschrift "Prajna" mit Beiträgen zu buddhistischer Geschichte, Lehre und Praxis erscheint zweimal im Jahr, und es gibt einen monatlichen Rundbrief, der die Schüler über Shih-fus Aktivitäten und den Fortschritt des Museumsprojektes informiert. Außerdem hat Shih-fu vier Stiftungen ins Leben gerufen, die zur Förderung von Kultur, Bildung und Sozialem beitragen. Die Prajna-Stiftung dient der Fortbildung der Laiengläubigen durch Veröffentlichungen, Seminare, Meditationsveranstaltungen und der Organisation von buddhistischen Sommercamps für Familien und Jugendliche. Die Buddhismus-Stiftung bildet Nonnen, Mönche und Laien für die Vorbereitung von buddhistischen Zeremonien, Ritualen und Festen aus. Die Liebende-Güte-Stiftung widmet sich sozial Bedürftigen, Opfern von Kranheit, Arbeitslosigkeit oder Unfällen. Die letzte, erst 1994 offiziell gegründete Museumsstiftung schließlich hat die Aufgabe der Planung und finanziellen Unterstützung des Museumsprojektes. Alle diese Stiftungen leben hauptsächlich von dem freiwilligen Einsatz der Laiengläubigen, die ihre Zeit zur Verfügung stellen, Spendengelder sammeln und die jeweiligen Aufgaben und Projekte aus eigener Tasche mitfinanzieren.

Mit Erstaunen las ich, dass die kleine Nonne Liao-yi die Direktorin der Museumsplanung war. Ich machte mich daher auf die Suche nach ihr und fand sie im Eingang des Gebäudes, in dem Photos von Shih-fu im Gespräch mit Vertetern der unterschiedlichen Religionen hingen. Auf einem der Photos war Pater Joseph zu sehen, auf einem anderen erkannte ich Dr. Martin Kraatz von der religionskundlichen Sammlung in Marburg im Gespräch mit Liao-yi und einer Gruppe von Taiwanesen.

"Liao-yi", bat ich sie, "kannst du mir erklären, was es mit dem Museum der Weltreligionen auf sich hat?"

"Komm mit", sagte sie und führte mich in den Meditations- und Altarraum im ersten Stock, an dessen Hauptwand das Mantra des großen Erbarmens der tausendarmigen Kuan-yin in goldenen Schriftzeichen abgebildet war. Auf diesen Text war ich bei meinem letzten Besuch in Ling-chiu shan vor sechs Jahren aufmerksam geworden und hatte ihn zum Thema meiner Dissertation gemacht. Und nun stand ich ihm unter diesen Umständen wieder gegenüber.

Liao-yi zog mich neben sich auf ein Sitzkissen nieder und fing an zu erzählen: "Vor einigen Jahren, als wir noch eine ganz kleine Gemeinschaft in Ling-chiu shan waren, rief uns Shih-fu eines Abends zu einer Versammlung zusammen. Er sagte zu unser aller Verblüffung, dass es jetzt an der Zeit für uns sei, vom Berg herunter und in die Welt zu gehen, um anderen Menschen zu helfen. Nur das sei die wahre Bodhisattva-Praxis. Und dann erklärte er uns, dass er ein Museum für Weltreligionen bauen wolle und dass wir ihm dabei helfen würden. Wir waren alle zunächst einmal sprachlos, bis dann einige von uns versuchten, Shih-fu von dieser Idee abzubringen. Keiner von uns hat je etwas mit Museen zu tun gehabt, wendeten wir ein, und wenn wir so ein großes Projekt ausführen sollen, bleibt uns keine Zeit mehr zur religiösen Praxis. Mali, du hättest sehen sollen, wie Shih-fu da mit uns zu schimpfen anfing. Habt ihr denn gar nichts gelernt und begriffen, legte er los, weil ihr noch immer nur an euch selbst denkt? Der Bodhisattvaweg bedeutet, das Selbst ganz im Dienst am Nächsten zu vergessen. Das könnt ihr jetzt mit der Ausführung des Museumplanes wunderbar üben. Die Arbeit für das Museum ist eure religiöse Praxis. Und wenn ihr keine Erfahrung in solchen Dingen habt, dann seid umso dankbarer für die Gelegenheit, etwas Neues dazu lernen zu dürfen."

"Wie ich zur Planungsdirektorin geworden bin?", wiederholte sie meine Frage und lächelte verschmitzt, "das war ganz einfach. Wir waren ja damals noch nicht so viele Schüler, und Shih-fu teilte jedem eine Aufgabe zu. Als er mich fragte, ob ich lieber die Museumsstiftung übernehmen wolle oder die Planung des Museums, antwortete ich schnell, die Planung. Ich dachte nämlich, dass das leichter sei als das Geldauftreiben. Aber", schloss sie mit gerunzelter Stirn, "ich weiß nicht, ob ich mich darin nicht getäuscht habe."

Dass Shih-fu sehr streng sei und von seinen Schülern viel verlange, hatte ich auch schon von anderen gehört. Auf der anderen Seite musste er großes Vertrauen in ihre Fähigkeiten haben, wenn er ihnen ein solches Projekt zutraute.

Das Wiedersehen in New York hatte dazu beigetragen, dass das *yüan,* das karmische Band, das mich im Jahr 1980 zum ersten Mal zum Drachensee geführt hatte, wieder fester geknüpft wurde. Im März 1998 zogen wir nach Kyôto, wo Ruben einen zweijährigen Lehrauftrag an der Rykoku Universität wahrnahm. Im Mai besuchte ich Shih-fu in Ling-chiu shan und wohnte in dem neuen Gästehaus oben am Berg, von dessen Fenstern aus der Blick über eine von weißen Stupas umgebene riesige goldene Kuanyin Statue und die zur Küste hin abfallenden grünen Hügel auf das Meer geht.

"Shih-fu", fragte ich ihn an einem Sonntagabend, nachdem die Busse mit den Besuchern und Pilgergruppen wieder abgefahren waren und wir mit einigen jungen Nonnen draußen auf der Terrasse saßen, "wie kommt es, dass du jetzt so offen für das Christentum und andere Religionen bist?" Nachmittags hatte ich seiner Lehrrede zugehört, in der er die mehr als fünfhundert versammelten Pilger und Besucher ermahnte, keine Vorurteile gegen andere Religionen zu hegen und im Gegenteil jede Gelegenheit wahrzunehmen, von ihnen zu lernen.

Shih-fu sah mich belustigt an und antwortete spaßend: "Wie ich meine Worte wählen soll, dass auch Christen mich anhören und verstehen können und nicht gleich weglaufen, habe ich doch zuerst durch dich gelernt." Wieder ernst geworden, fuhr er fort: "Pater Wang war der erste Priester, der mich hier in Ling-chiu shan besucht hat, und nach ihm kamen viele andere, auch der Bischof Ti-kang aus Taipei und schließlich sogar Kardinal Arinze aus Rom. Pater Wang ist mein guter Freund geworden, ebenso wie der französische Pater Poulet Mathis, der in Taipei arbeitet. Er hat mich zu interreligiösen Konferenzen in Frankreich, Italien, und Tunesien mitgenommen. Beide sind nicht mehr jung, über siebzig Jahre alt. Trotzdem haben sie eine unglaubliche Energie und setzen sich immer noch ganz und gar für den Dienst an anderen ein. Sie sind Vorbilder für uns alle."

"Und was hat dir die Idee zum Bau des Museums gegeben?", forschte ich weiter. Shih-fu blickte auf das Meer hinunter, auf das die Suchlichter der Fischerboote wieder dunkelgrün schimmernde Kreise warfen. Auf der Küstenstraße blinkten die Scheinwerfer vereinzelter Autos auf, bevor sie wieder von der Nacht verschluckt wurden.

"Nachdem ich nach Ling-chiu shan gekommen bin," begann Shih-fu, "sind immer mehr Menschen mit ihren Problemen zu mir gekommen. Die meisten dieser Probleme waren religiöser Natur. Und da kam mir der Gedanke, dass ich eigentlich ein Museum für Weltreligionen bauen müsste, eine Art Nachschlagewerk, oder anders gesagt, ein Museum, das religiöse Informationen enthält."

"Religiöse Informationen?", unterbrach ich fragend.

"Religiöse Informationen sind der Ausgangspunkt für unsere Praxis. Keiner von uns fängt mit der Praxis beim Nullpunkt an.

Und was ist die Methode? Die Methode ist das den Dingen auf den Grund gehen und das daraus erwachsende Verständnis. Die religiöse Praxis macht es erst möglich, den Dingen auf den Grund zu gehen. Und durch das den Dingen auf den Grund gehen kommt erst die religiöse Praxis zustande, kommt erst die Gewissheit zustande. Diese drei: die religiöse Praxis, das den Dingen auf den Grund gehen und die Gewissheit gehören zusammen. Was nun die religiösen Informationen betrifft: ich habe sie von Buddha, von den buddhistischen Schriften, die die Lehre des Buddha enthalten, bekommen."

"Also willst du mit dem Museum ein Umfeld schaffen, in dem den Menschen religiöse Informationen in einer Form dargeboten werden, die sie als Augangspunkt für ihre Praxis nehmen können?", fragte ich weiter.

"Ja, so ist es", antwortete er, "und mir liegen dabei besonders die jungen Menschen am Herzen. Die werden heutzutage mit so vielen widersprüchlichen Informationen überschwemmt, dass sie häufig die Orientierung verlieren. Das Museum soll ihnen gute Informationen vermitteln, ihnen Berührung mit Religionen und Religiosität ermöglichen, und das auf eine Weise, die ihr Interesse weckt." Shih-fu hielt inne und deutete schweigend auf die Silberspur, die der inzwischen aufgegangene Mond auf die Wellen warf.

"Weil die Menschen heutzutage egoistisch veranlagt sind und der Materie nachstreben, verwenden sie nur noch halb so viel Energie auf das geistige Leben", nahm er das Gespräch nach einer Weile wieder auf", und weil dem so ist, haben schon viele Religionen angefangen, Gegenmaßnahmen zu ergreifen. Ich habe auch an solch eine Gegenmaßnahme für das einundzwanzigste Jahrhundert gedacht. Das Museum ist eine religiöse Gegenmaßnahme für die Menschen des einundzwanzigsten Jahrhunderts. Viele Menschen haben keinen festen Glauben mehr und auch kein Gefühl von Geborgenheit, Sicherheit. Sie lieben das Viele und nicht das Einfache. Also gebe ich ihnen das Viele."

"Aber ist es nicht so, dass viele Menschen sich bei einer Vielfalt des Angebotes nicht entscheiden und sich auch nicht auf eine bestimmte religiöse Praxis konzentrieren können, sondern statt dessen von allem etwas ausprobieren und es dann wieder fallen lassen, weil sie nichts bekommen haben? Schadet ein Überangebot an religiöser Information nicht?", wendete ich ein.

"Wir sollten nicht in solchen Begriffen wie 'etwas bekommen' oder 'etwas wollen' oder 'etwas fallen lassen' denken", entgegnete Shih-fu, "Die Informationen, die die unterschiedlichen Religionen vermitteln, sind sehr gut und jederzeit anwendbar. Sind wir Buddhisten, dann müssen wir uns bemühen, gute Buddhisten zu sein. Sind wir Christen, dann müssen wir danach streben, gute Christen zu sein. Unser Glaube hängt mit unserem *yüan*, mit unserem Karma, zusammen. Das heißt, ein bestimmtes Karma bestimmt einen bestimmten Glauben. Aber die Informationen über die verschiedenen Religionen sind in jedem Fall gut. Wenn wir sie richtig verarbeiten, dann können wir jede Religion zu unserem Tempel machen."

"Shih-fu, glaubst du, dass die unterschiedlichen Religionen ihre Eigenart bewahren werden, oder wird sich irgendwann eine synkretistische Form der Religion entwickeln?", wollte ich weiter wissen.

"Ich sehe es so, dass jede einzelne Religion ihre Relevanz für das einundzwanzigste Jahrhundert bewahren wird", gab er zur Antwort. "Die Religion kann der Zukunft gerecht werden, dem einundzwanzigsten Jahrhundert und auch darüberhinaus. Weil sich die äußeren Umstände ändern, werden die Religionen ihre Methoden ändern, aber ihre Inhalte werden sich nicht verändern. Das Äußere ändert sich, aber das Innere bleibt bestehen. Was ich mit dem Museum der Weltreligionen anstrebe, ist hierfür auch ein Beispiel."

"Wir im Westen leben in einer Kultur der 'instant gratification', der Erwartung, dass alle Bedürfnisse sofort befriedigt werden", warf ich ein und dachte dabei an das Video über das New Yorker Treffen zwischen dem Dalai Lama und dem chinesischen Meister Sheng-yen, das mir die Nonnen am Nachmittag gezeigt hatten. "Zum Beispiel hat Meister Sheng-yen in einem Gespräch mit dem Dalai Lama die Frage eines Schülers hervorgehoben, der wissen wollte, ob die Erleuchtung nicht auch ohne die schwierige religiöse Praxis möglich sei. Und in der Kirche ist zum Beispiel ein Rückgang der Berufung zum Priesteramt oder zum religiösen Leben deutlich erkennbar. Es scheint, dass niemand mehr sein Leben in den Dienst der Religion stellen will?"

Shih-fu schien meine Frage gar nicht gehört zu haben, denn er war ganz in die Betrachtung einer schwarzen Wolke, die sich vor den Mond geschoben hatte, versunken. Die Silberbahn auf dem Meer hatte sich in Dunkelheit aufgelöst. Doch als die Wolke weiterzog, trat der Mond noch heller strahlend hervor, er erhellte die Umrisse der Berge und übergoss auch uns mit seinem Licht.

"Nein, das sehe ich nicht so", drang Shih-fus warme und zuversichtliche Stimme an mein Ohr, "die Lage wird sich bessern. Die religiöse Praxis hängt nur von der Situation des einzelnen ab. Einige Menschen können sie gleich vollständig beginnen. Bei anderen, wo das nicht der Fall ist, muss man nur abwarten, wie sich ihre Situation ändert, so dass auch sie mit der Praxis beginnen können – sei es anfangs auch nur für ein oder zwei Stunden am Tag. Alles ist doch in ständiger Veränderung begriffen, und deswegen sollten wir uns über diese Dinge nicht so viele Gedanken und Sorgen machen. Unsere Welt ist Wandel, Veränderung, aber egal, wie sie sich auch verändern mag, das, was die Menschen letztendlich erstreben, bleibt immer dasselbe."

Hsin Tao

Weisheit und Barmherzigkeit

Einleitung

Den altruistischen Geist der Erleuchtung (bodhicitta) entfalten

An das Studium des Buddhismus dürfen wir nicht einseitig und voreingenommen herantreten, sondern wir müssen uns vielmehr darum bemühen, die Lehre des Buddha (*buddhadharma*) als Ganzes kennenzulernen. Ohne umfassende Kenntnis und Erfahrung entstehen nämlich leicht geistige Verhaftungen. So meinen zum Beispiel die Menschen, die ständig den Namen von Buddha Amitâbha rezitieren[1*], das sei die beste Methode, während diejenigen, die das Ch'an (japanisch Zen) praktizieren, ihrerseits dasselbe über das Ch'an denken.

Mit den unterschiedlichen Ansichten ist es gerade so wie mit den Blinden, die einen Elephanten abtasten. Einige von ihnen bekommen die Ohren zu fassen und behaupten, der Elephant sei wie ein Fächer; andere packen den Rüssel an und meinen, er sei wie ein Rohr; wieder andere geraten an die Beine und schließen daraus, er gleiche einer Säule.

Wenn wir also den Buddhismus so studieren wie die Blinden den Elephanten abtasten und nur das wahrnehmen und anerkennen, was wir zufällig berührt haben, dann ist das ein bruchstückhafter, unvollständiger Buddhismus, der uns auf keinen Fall zu vollkommener Weisheit führen kann.

Ist die Weisheit unvollkommen, werden Auseinandersetzungen und Verhaftungen entstehen: "Der Elephant ist doch eindeutig ein Fächer. Wie kommt ihr dazu, zu behaupten, er sei eine

* Anmerkungen siehe S. 168

Säule?" Diese Art unnötiger Auseinandersetzungen werden letztendlich ganz sicher Verwirrung und Probleme mit sich bringen.

Wir müssen daher Folgendes verstehen: Nichts im Buddhismus ist von der Leere (*sûnyatâ*) zu trennen. Die Leere ist das Ganze des Buddhismus. Die vielen unterschiedlichen Lehr- und Übungsmethoden sind wie Ohren, Rüssel und Schwanz. Sie helfen uns lediglich, die Leere zu verstehen.

Der Raum, den wir der Leere in unserem Leben gewähren, hängt von dem Grad unseres Wissens ab. Wissen wir wenig, dann ist unsere Erkenntnis gering und der Raum der Leere im Leben begrenzt. Das Studium des Buddhismus kann diesen Raum aber immer mehr erweitern. Er ist der wahre Schatz im Leben. Geld und Prestige dagegen sind nur flüchtiger Schein, der nicht von Dauer ist.

Die Einübung in den Buddhismus bedeutet, den altruistischen Geist der Erleuchtung zu entfalten. Wenn wir inmitten der Welt der Erscheinungen stets diese dynamische Kraft, die der Erleuchtung entgegenstrebt, zu verstehen und entwickeln suchen, dann können wir dadurch sowohl unsere eigene Buddha-Natur als auch die aller anderen zur Reife bringen. Ursprünglich ist unser Geist nämlich der Geist der Erleuchtung. Solange wir ihn nicht kennen, werden wir uns fragen, was denn daran besonders verstehens- oder entwickelnswert sein soll.

Das Gelübde, zum Nutzen aller Lebewesen zur Erleuchtung zu kommen, lässt in uns allmählich die tiefe Erkenntnis reifen, dass die Dinge niemals von der Wesensnatur der Leere getrennt sind. Dass jede Natur genau diese Wesensnatur hat. Diese Wesensnatur gibt es nicht deshalb, weil das irgend jemand behauptet hat, sondern weil sie allem vollständig zugrunde liegt.

So wie du alles, was ich bisher gesagt habe, klar verstehen kannst, wirst du auch Folgendes begreifen, nämlich, dass alle karmisch bedingten Dinge leer sind. Genauso weißt du auch, dass diese Dinge wie ein Traumgebilde oder eine Fata Morgana sind.

Verstehen kannst du all das, weil du genauso wie alle anderen Menschen zur Erleuchtung fähig bist.

Vielleicht wirst du dich lange an das erinnern, was ich gerade gesagt habe, oder vielleicht wirst du es sofort wieder vergessen. Wenn du aber durch und durch verstehen kannst, was das Selbst ursprünglich ist, dann brauchst du nicht mehr erleuchtet zu werden. In jedem von uns, in jedem Menschen, sind die Weisheit und Tugend eines Buddha von Grund her vorhanden. Verwirrung und Zweifel entstehen nur durch falsches Denken und Anhaften.

Dieses Menschenleben ist eine selten kostbare Gelegenheit. Es ist vergänglich, sehr schnell vorbei. Nütze daher dieses kurze Leben so gut du kannst, um in ihm den Weg der Weisheit und Barmherzigkeit zu beschreiten.

I.

Was ist das Ich?

Angenommen, es gibt ein Ich: Besteht dieses Ich dann hauptsächlich aus Körper oder aus Verstand?

Wenn das Ich der Verstand wäre, dann müssten mir schon bei der Geburt all das Wissen und all der Verstand, die dieses Ich ausmachen, ganz mitgegeben sein. In Wirklichkeit lerne ich aber erst nach und nach durch Erziehung und Kontakt mit der Außenwelt. Mein Verstand ist etwas, das durch das Lernen entwickelt und ausgebildet wird. Der Verstand eines Neugeborenen unterscheidet sich von dem eines heranwachsenden Kindes, eines Erwachsenen und eines Greises. Kann ich nun zu irgendeinem Zeitpunkt behaupten, dass der Verstand das Ich sei? Wohl schwerlich, weil der Verstand sich allmählich mit dem Anwachsen des Wissens heranbildet und dann im hohen Alter bei vielen Menschen wieder trübt. Das Ich ist aber nicht etwas, das ich durch Lernen bekommen kann und das dann langsam wieder abnimmt und verloren geht.

Wenn das Ich der Körper wäre, dann müsste ich den Körper vollkommen beherrschen können. Wenn ich unsterblich sein wollte, dann müsste er unsterblich sein. Wenn ich ihm befehlen würde, nie alt und krank zu werden, dann müsste er jung und gesund bleiben. In Wirklichkeit bin ich jedoch machtlos, da der Körper natürlich keineswegs meinen Wünschen folgt, sondern sein eigener Herr ist. Daher ist das Ich auch nicht der Körper.

Ich kann also nicht mehr davon ausgehen, dass der Körper das Ich ist. Genauso wenig kann ich behaupten, dass der Verstand das Ich ist. Woher kommt dann aber das Ich? Was ist das Ich? Wenn ich diese Frage mit Gewissheit beantworten kann, dann ist das das wahre Ich. Wenn sich das, was ich mit Gewissheit behauptet habe, jedoch wiederum als Illusion erweist, dann habe ich nochmal einen Fehler gemacht. Auf der Suche nach dem Ich muss ich daher zuerst noch einmal ganz genau der Frage nachgehen, ob es dieses Ich wirklich gibt. Wenn ich dabei noch nichts finden kann, das einen wenn auch noch so geringen Wirklichkeitsgrad hat, dann muss ich die falsche Annahme von einem Ich aufgeben.

Wenn ich also annehme, dass es das Ich wirklich gibt, warum verändere ich mich dann ständig und bleibe nicht immer wie ich bin? Mein Denken und mein Verstand ändern sich, mein Körper ändert sich, alles ändert sich. Es lässt sich rein gar nichts finden, das so bleibt, wie es ist. Daraus wird doch klar, dass es das Ich nicht wirklich gibt, sondern dass es sich dabei nur um eine falsche Vorstellung handelt.

Eine Tasse ist hierzu ein gutes Beispiel. Solange sie noch nicht fertig ist, ist sie nur eine Masse aus materiellen Bestandteilen. Wenn ich nun diese zusammengesetzte Masse bis aufs Kleinste auseinandernehme und all die Bestandteile wieder an ihren Ursprungsort zurück bringe, dann gibt es keine Tasse mehr. Der Grund für das Vorhandensein einer Tasse ist das Zusammentreffen von kausalen Beziehungen (*hetupratyaya*), nicht aber ein Ding an sich.

Was sind die kausalen Beziehungen? Sie sind der primäre und sekundäre Grund für das Zustandekommen eines jeden Dinges oder Ereignisses. Wenn wir bei der Tasse als Beispiel bleiben, dann muss der primäre Grund, nämlich die Absicht und Fähigkeit des Töpfers, die Tasse zu formen, mit dem sekundären Grund, nämlich dem rechten Material, dem Ton, der Glasur, der richtigen Ofentemperatur etc. zusammentreffen, damit daraus eine Tasse wird. Oberflächlich betrachtet mag es zwar so aussehen, als ob es diese Tasse wirklich gibt, aber wenn wir mit unserer

Betrachtung tiefer gehen, dann sehen wir, dass die Tasse lediglich eine Ansammlung von unterschiedlichen Bestandteilen ist und keinen anderen Wirklichkeitsgehalt hat.

Genauso verhält es sich mit dem Ich, dem wir so eifrig auf der Spur sind. Die Lehre vom Nicht-Ich (*anâtman*) bezieht sich auf eines der Drei Merkmale, die der Buddha als kennzeichnend für ein jegliches Seiendes gelehrt hat. Ein jegliches Seiendes ist ohne Ich, das heißt leer. Es verändert sich ständig. Daher sind unsere Versuche, es festzuhalten, frustrierend, leidhaft. Nicht-Ich (*anâtman*), Impermanenz (*anittya*) und Leidhaftigkeit (*dukha*) sind also die Drei Merkmale der Wirklichkeit.

Es ist ganz wichtig, zu verstehen, dass die Lehre vom Nicht-Ich die Wirklichkeit bezeichnet und nicht etwas, das durch das willkürliche Aufgeben von irgendetwas erreicht werden könnte. Ein jegliches Ding kommt aufgrund des Zusammenwirkens von kausalen Beziehungen zustande. Fallen diese Beziehungen weg, dann gibt es dieses Ding nicht mehr. Wenn wir also den Ursprung des Ichs verstehen wollen, dann müssen wir jene ursprüngliche Kraft betrachten, die allem Zusammengesetzten zugrundeliegt. In dieser ursprünglichen Kraft, der Kraft unseres Herzens und Geistes, finden wir nämlich die Wahrheit.

II.

Der Buddhismus ist weder Gesetz noch Religion, sondern Wirklichkeit

Der Buddhismus sagt uns ganz einfach: Was wir säen, ernten wir. Wenn wir hungrig sind, müssen wir essen. Und in gleicher Weise gilt: Wenn in uns leidschaffende Vorstellungen und Emotionen (*klesha*) aufkommen, müssen wir sie aufgeben, ganz und gar ausleeren wie einen Mülleimer. Warum? Weil sie aus Unwissenheit (*âvidya*), aus falschen, Ich-bezogenen Vorstellungen hervorgehen und dadurch Karma erzeugen. Was wir aus den falschen Vorstellungen ernten, sind Leid, Kummer, Sorgen und Probleme. Das ist die Erfahrung, die das tägliche Leben lehrt. Wir studieren den Buddhismus, um diese Tatsache zu begreifen.

Wenn der Wind weht, werden alle Blätter von der Straße weggefegt. Nur der Abfall, den wir Menschen erzeugt haben, der wird nicht weggefegt, egal wie stark der Wind auch bläst. Der Abfall sind unsere leidschaffenden Vorstellungen, unsere Unwissenheit. Die werden nicht so einfach weggefegt, weggeblasen oder ausgeleert. Deshalb ist es am besten, wenn wir möglichst wenig davon erzeugen. Und wenn sie aufgrund von früher geschaffenem Karma von selbst kommen, müssen wir sie von selbst wieder ziehen lassen.

Wenn wir sie ziehen lassen können, dann wird die Weisheit des Buddha in jedem von uns, in jedem Menschen, ganz offenbar. Der Buddha ist der Inbegriff aller Samen der Weisheit und der Erleuchtung. Sich ganz dem Buddha anzuvertrauen bedeutet, sich ganz der Wahrheit anzuvertrauen, sich ganz jenem Wissenden anzuvertrauen, der alles im Universum vollkommen versteht und die Samen unserer Erleuchtung sät. Mit ihm als Lehrer vervollkommnen wir unsere Weisheit. Und wenn wir diese Weisheit besitzen, dann können wir zum Wesentlichen durchdringen und ungehindert leben.

Das Leben ist sehr kurz. Es ist nichts weiter als eine Erscheinung von miteinander verbundenen karmischen Bedingungen. Unser Körper ist ein Gebilde von Illusionen und hat keinerlei Wirklichkeitsgehalt. Ohne das Herz (*citta*) existieren keinerlei Empfindungen mehr, weder schmerzliche noch glückliche. Das Herz ist das Zentrum all unserer geistigen und emotionalen Kräfte. Anders als im westlichen Denken, wo eine klare Unterscheidung zwischen Herz und Geist getroffen wird, schließt im asiatischen Denken das Wort Herz die Bedeutung von Geist mit ein. In seiner ursprünglichen Form nun ist das Herz – oder der Geist – ganz frei von jeglichen Erscheinungen.

Was sind die Erscheinungen? Die Erscheinungen sind all das, was wir als Welt und Wesen wahrnehmen, das heißt es sind all die Objekte, Dinge, Formen oder Phänomene des physischen Bereichs und ihre Wiederspiegelung im geistig-emotionalen Bereich. Und woher kommen die Erscheinungen? Sie entstehen durch den Körper, das selbsterzeugte Karma, die Gefühle und Empfindungen. Auch die sechs Bereiche der Wiederverkörperung[2] sind Ausdruck der Herzensempfindungen. Ehe wir die Erleuchtung erreichen, drückt sich unser Herz aus und wandelt sich gemäß den Erscheinungen. Nach der Erleuchtung können uns die Erscheinungen nicht mehr behindern.

Das ist vergleichbar mit den Gefühlen, die wir beim Betrachten eines Filmes im Kino entwickeln. Wenn die Schauspieler weinen, weinen wir mit ihnen. Wenn wir uns dann aber wieder ins Bewusstsein rufen, dass all das auf der Leinwand unecht ist, brauchen wir uns keinen Kummer mehr zu machen. Wenn wir jedoch im täglichen Leben unser Herz an die Erscheinungen hängen und unsere Gefühle von ihnen gefangen nehmen lassen, wie können wir dann jemals frei werden?

Unwissenheit und leidschaffende Vorstellungen bedeuten einfach unklares Denken, Verwirrtsein durch die Erscheinungen. Sobald es keine Erscheinungen mehr gibt, können wir zu unserer urprünglichen Natur zurückkehren. Obwohl alle unsere Gedanken und Gefühle mit den Erscheinungen zu tun haben, dürfen wir trotzdem nicht denken, dass wir sterben, sobald die Erscheinungen aufhören zu existieren. Buddha sagt uns, dass die wahre Natur des Herzens und Geistes Leere ist und dass sie unvergänglich ist. Unser Körper und alle möglichen trügerischen Vorstellungen sind wie die Planeten und andere Erscheinungen in der Leere des Weltalls. Wenn ein Planet stirbt, stirbt das Weltall nicht mit ihm. Wirklich, die Leere stirbt niemals. Nur die Erscheinungen ändern sich, sonst nichts.

Das würden wir niemals wissen, wenn der Buddha es uns nicht gesagt hätte. Da wir aber diese Zusammenhänge missverstehen, führen wir in der Welt der Erscheinungen eine unbeständige, dem Entstehen und Vergehen, Leben und Tod unterworfene Existenz. In Wirklichkeit ist eine solche Existenz nichts anderes als eine Illusion. Zu denken, dass mit dem Tod alles vorbei sei, ist eine Täuschung. Die Leere ist unvergänglich, auch wenn es die Erde nicht mehr geben sollte. Genauso ist die wahre Natur unseres Herzens und Geistes unsterblich, auch wenn der Körper stirbt.

Aus buddhistischer Sicht wird nichts geboren und stirbt auch nichts. Aus weltlicher Sicht gibt es auf ewig nur Entstehen, Vergehen und Unbeständigkeit. Weil es sich dabei um die Welt der Erscheinungen handelt, beinhaltet sie notgedrungen Leben und Tod, Gewinn und Verlust, Schönheit und Hässlichkeit. Die Gefühle und Empfindungen, die uns diese Welt beschert, sind bitter und auch unbeständig. Wenn wir uns daher weiterhin an die Erscheinungen klammern, werden wir immer tiefer in Unwissenheit sinken.

Der Buddhismus gibt uns etwas ganz anderes als die Welt der Erscheinungen. Er will, dass wir die Leere in den Erscheinungen betrachten, dass wir die Leere als die Natur aller Dinge erkennen. Wenn wir das lange genug geübt haben, können wir frei von den Erscheinungen werden, frei werden von leidschaffenden Vorstellungen und Emotionen, von Kummer und Sorgen.

Die Leere, die wir uns nur geistig vorstellen, ist jedoch nicht die wahre Leere. Sie ist eine abstrakte Leere. Die Leere wird nicht von unserem Denken geschaffen. Es ist egal, wie wir darüber denken, weil es sich in Wirklichkeit ganz einfach so verhält.

Jedes Ding in der Welt hat einen bestimmten Grund für seine Existenz. Nicht aber die Leere. Die Leere ist ein Faktum und nicht etwas, das wir erschaffen haben. Was ist denn nun die Leere? Wo kommt sie her? Welche Bedingungen muss sie erfüllen, um Leere genannt zu werden? Was sind ihre theoretischen Grundlagen? Zur Beantwortung dieser Fragen müssen wir wie Wissenschaftler vorgehen. Das bedeutet, wir müssen uns in die Forschung und Analyse vertiefen und in den Erscheinungen das Gesetz von der Leere aller dharmas beobachten. Was ist ein dharma? Ein dharma ist ein Daseinsfaktor. Das gesamte Dasein, die Welt und die Wesen, sind Erscheinungen, die von den dharmas, den Daseinsfaktoren gebildet werden. Die Daseinsfaktoren sind bedingt, da sie aufgrund von karmischen Ursachen entstanden sind. Nun besagt das Gesetz von der Leere aller dharmas genau dies, nämlich, dass die Erscheinungen karmisch bedingt und entstanden sind. Und dass sie daher leer, das heißt, ohne ein Ich, und in ständiger Veränderung begriffen sind. Dieses Gesetz ist das Faktum, das der Buddhismus uns lehrt, die ewige, unveränderliche Wahrheit.

III.

Die richtigen Konzepte zum Studium des Buddhismus und Ch'an

Die unterschiedlichen Lehrrichtungen innerhalb des Buddhismus, egal ob Ch'an[3]-, Reines Land[4]-, Vinaya-[5], Tantrischer[6], T'ien-tai-[7] oder Hua- yen-[8] Buddhismus, lehren alle das Gleiche: nämlich die Erleuchtung unseres Herzens, die Erkenntnis unserer wahren Natur und die Verwirklichung der Buddhaschaft.

Was bedeutet es, "die Buddhaschaft zu verwirklichen?" Vielleicht glauben wir, dass der Abstand zwischen uns und dem Buddha riesengroß sei. Dass der Buddha so hoch und erhaben sei, dass wir ihn nur verehren, ihm aber niemals wirklich nahe kommen können. Wenn wir verstehen wollen, was Buddha bedeutet, und wenn wir die Buddhaschaft verwirklichen wollen, dann ist in Wirklichkeit alles, was wir tun müssen, eifrig zu lernen und das Erlernte an der Wirklichkeit zu überprüfen. So können wir es verstehen. Wenn wir aber noch nicht einmal begreifen, was Buddha bedeutet, was Buddhaschaft bedeutet, dann können wir mit unserem Studium des Buddhismus nicht vorankommen.

Das *Diamant Sûtra* ist für das Verständnis des Ch'an-Buddhismus sehr wichtig, genauso wie das *Herz Sûtra*. Deshalb trage ich allen meinen Schülern auf, sich eifrig mit diesen zwei Texten auseinanderzusetzen. Im *Diamant Sûtra* nun heißt es: "In allen Formen das Formlose zu sehen bedeutet, den Tathâgata, d.h: den Buddha zu sehen."

Der Buddha verlangt von uns, die Welt der Formen, der Erscheinungen, loszulassen. Nur so können wir selbst Buddha werden. Alle Buddhas, die noch irgendeine Form aufweisen, sind noch dem Entstehen und Vergehen unterworfen. Ein Buddha nur ist unvergänglich und ohne jegliche Form: Das ist der *Dharmakâya*-Buddha, der absolute Wahrheitsgrund.

Die Welt der Formen loszulassen bedeutet, in der Betrachtung "die Leere der kausalen Beziehungen" zu erfassen. "Kausale Beziehungen" betreffen alle physischen Phänomene. In der Betrachtung erkennen wir, dass alle diese Phänomene unbeständig, illusionär und ohne Substanz sind. Treten wir tiefer in die Betrachtung ein, dann können wir die "Leere der kausalen Beziehungen" verstehen. Die "Leere der kausalen Beziehungen" bedeutet ganz einfach, "in allen Formen das Formlose zu sehen." Alles ist Leere. Welche Formen sind denn dann noch zu sehen?

"Ch'an" bedeutet also, die Formen und Erscheinungen loszulassen. Viele Leute halten Ch'an für etwas ganz Abstraktes. In Wirklichkeit ist Ch'an ganz einfach das Herz. Wo es ein Herz gibt, gibt es Ch'an. Gibt es kein Herz, dann gibt es kein Ch'an.

Ch'an ist die wirkliche "Form" aller Buddhas. Die Ch'an-Tradition wurde von Shâkyamuni Buddha über Mahâkâsyapa und Ânanda in direkter Übertragung von Herz zu Herz durch die Jahrhunderte weitergegeben. Jeder Lehrer hat mit seinem Herz dem Herz seines Schülers ein Siegel aufgesetzt. Was bedeutet es, dem Herz ein "Siegel" aufzusetzen? Ein "Siegel" ist ein Beweis, nämlich der Beweis, dass die Natur des Herzens, die der Buddha erkannt hat, alle Formen und Erscheinungen hinter sich lässt, dass es das wunderbare Herz des Nirvana ist.

Inwiefern unterscheidet sich die Natur des Herzens, die der Buddha erkannt hat, von dem, was wir normalerweise unter Herz verstehen? Ist damit das Organ, das Blut pumpt, gemeint? Oder das Herz, das sich an Objekten festklammert? Oder das geistig erwachte Herz?

Das Herz, das den Blutkreislauf in Bewegung hält, ist ein Organ und gehört als solches zum Bereich des Physischen. Das Herz, das sich an Objekte klammert, wird durch die Wahrnehmung einer Welt der Objekte und der Unterscheidung zwischen diesen geboren. Das Herz, das geistig erwacht ist, durchschaut und begreift alles im Universum und hat mit den Dingen nichts mehr gemein.

Um das zu verstehen, müssen wir langsam vorgehen. Manche Leute meinen, dass man die Buddhaschaft verwirklichen kann, ohne die buddhistischen Schriften zu studieren und ohne einen weisen Lehrer die Lehre erläutern zu hören. Sie glauben, dass es genug ist, den ganzen Tag zu meditieren.

Ich hatte früher die gleiche falsche Vorstellung und verbrachte daher den ganzen Tag wie eine auf ihren Eiern brütende Henne in Meditation. Dann las ich den Satz "Der Weg beginnt in der Einsicht des Herzens." Dabei ging mir schlagartig auf, dass mein Weg bislang überhaupt nicht aus der Arbeit an meinem Herzen bestanden hatte. Und so fing ich an, meine Wesensnatur zu beobachten. Ich fragte mich, warum ich mein Herz nicht zur Ruhe bringen konnte. Und warum ich denn immer noch ein ganz gewöhnlicher Sterblicher sei, obgleich sich mein Herz doch kein bisschen vom Herzen des Buddhas unterscheidet.

Ich entdeckte, dass die Welt, die der Buddha vollkommen durchschaut hatte, und meine Welt, an der ich in meiner Verwirrung festhielt, ganz verschieden sind. Meine Welt, an der ich festhielt, war die physiche Welt, die Welt des Begehrens, des Hasses, der Verblendung, der Arroganz und des Zweifels. Ich hatte jedoch nicht die geringste Idee von der geistigen Welt. Also begann ich die physiche Welt zu untersuchen, um an den Grund meiner Verwirrung vorzudringen, ihn zu begreifen. Und auf diesem Weg kam ich schließlich dazu, die "Leere der kausalen Beziehungen", nämlich die Leere aller physischen Phänomene, zu verstehen.

Und obgleich ich nun die "Leere der kausalen Beziehungen" verstand, hatte ich weiterhin Probleme, weil nämlich immer noch ein Unruhestifter vorhanden war – und zwar derjenige, der die Leere erkannte. Also wandte ich mich wieder der Arbeit an mir selbst zu.

Dazu beobachtete ich zunächst die fünf Gruppen (*pancaskandha*), die das Wesen eines jeden Menschen ausmachen und die wir uns im Kreis der Wiedergeburten immer wieder neu aneignen. Welche fünf Gruppen sind das? Es sind erstens der Körper, d.h. der physische Leib des Menschen; und zweitens die Empfindungen, d.h. die sinnlichen Reize und Eindrücke, die aus den Kontakten der Sinnesorgane mit den Objekten der Umwelt entstehen. Auf die Empfindungen folgt die dritte Gruppe, die der Wahrnehmung. Aus ihr entstehen viertens die Geistesregungen, nämlich die Vorstellungen, Sehnsüchte und Begierden, die uns zu allem karmischen Tun verleiten. Die fünfte Gruppe schließlich ist das Bewusstsein, das die Empfindungen, Wahrnehmungen und Geistesregungen enthält und als Denkmaterial verwendet. Nun fragte ich mich, wie die fünf Gruppen immer wieder Unruhe verursachen.

Und dann dachte ich über diesen Körper nach, der, wie alles, aus den vier Elementen besteht. Aus welchen vier Elementen? Aus Erde, d.h. Festem; aus Wasser, d.h Flüssigem; aus Feuer, d.h. Wärme, und aus Luft, d.h. Bewegung. Ich fragte mich weiter, wie mein Ich mit diesem aus den vier Elementen bestehenden Körper, mit der Materie zusammenhängt. Und warum mich Geburt, Alter, Krankeit und Tod immer wieder aufs neue verfolgen. Warum sie mich jede Stunde, jede Minute und jede Sekunde meines Lebens bedrohen. Hatte der Buddha nicht gelehrt, dass die fünf Gruppen und das wahre Selbst leer sind?

Schließlich erkannte ich, dass das Ich eine Täuschung und damit also ohne jeglichen Realitätsgehalt ist, dass die vier Elemente zwar alle an ihren Platz zurückkehren, dass das Ich aber nirgendwohin zurückkehrt, weil es keinen Platz gibt, der Ich wäre.

Der Buddhismus hilft uns, uns selbst zu begegnen, die Erscheinungen kennenzulernen, die physische Welt und die Welt des Geistes zu verstehen. Das Geistige ist vom Physischen nicht zu trennen, und das Physische nicht vom Geistigen. Beide – das Geistige und das Physische – sind reine Illusion. Es gibt darin nichts zu besitzen oder festzuhalten. Nur ein Leben, das auf der Lehre des Buddha basiert, bringt in allem die Leere zum Vorschein, stellt jegliches Seiende in die Leere und macht uns vollkommen frei.

Unsere Existenz in dieser Welt ist zwangsläufig mit allen möglichen Denkweisen behaftet: Die Literaten haben ihre literarischen Vorstellungen, die Politiker ihre politischen Vorstellungen. Es gibt Militärexperten, Wissenschaftler und viele andere. Jederman hat seine eigene beschränkte Sichtweise, und wenn diese Sichtweisen aufeinanderprallen, stellt sich die Frage, wer Recht und wer Unrecht hat. Nun, alle haben Recht und alle haben Unrecht, da ihre Ansichten auf den begrenzten Erfahrungen eines einzelnen Bereiches aufgebaut sind. Sie sind daher notwendigerweise einseitig und konfliktgeladen. Nur das, was der Buddha uns sagt, ist die rechte Kenntnis und die richtige Sicht des menschlichen Lebens.

Wenn wir die Lehre des Buddha noch nie vernommen haben, dann können wir nicht wissen, was die richtige Sicht des menschlichen Lebens ist. Dann wissen wir auch nicht, dass wir ohne rechte Kenntnis in Gefahr sind, in die sechs Bereiche der Wiedergeburt zu geraten. Übrigens werden diese sechs Bereiche von unserem eigenen Herz geschaffen. Dass es sechs Bereiche sind, liegt daran, dass jeder von ihnen von einer bestimmten Herzens- und Geisteshaltung erzeugt wird. Welche sechs Bereiche sind das?

1) Der Bereich der Götter bedeutet die Einstellung, der Gesellschaft und der Menschheit helfen und nützen zu wollen.

2) Der Bereich der Menschen bedeutet die Erkenntnis von Gut und Böse, Richtigem und Falschem. Das Wissen, Gutes zu

tun und Böses zu meiden, weder über gutes oder schlechtes Tun der anderen, noch über ihre Verdienste oder Mängel zu reden. Das Problem dabei ist, dass wir, selbst wenn wir wissen, dass Gutes tun Vorteile hat, uns nicht immer dementsprechend verhalten. Andere Kräfte zwingen uns in Richtung des Bösen. Zum Glück haben die Menschen aber noch Vernunft, die uns oft dazu mahnt, das Gute zu tun.

3) Der Bereich der Titanen wird geschaffen durch Gemeinheit, Gehässigkeit, Kriegslüsternheit.

4) Der Bereich der Hungrigen Geister bedeutet jene habgierigen, geizigen Seelen, die nicht mit anderen teilen können, und deren Karma, wenn ihr Leben zu Ende geht, genau diesem Bereich entspricht.

5) Der Bereich der Tiere bedeutet die Eigenart, keine Vernunft zu haben und daher von Begehren, Hass und Verblendung nicht freizuwerden. Durch nicht erfülltes Begehren entsteht Hass und durch nicht gesättigten Hass weitere Verblendung.

6) Der Bereich der Höllenwesen bedeutet ein mörderisches, räuberisches, wollüstiges und verbohrtes Herz, das bei allem nur Widerwillen empfindet und kein bisschen Freude verspüren kann. Da ihm nichts nach Wunsch geht, leidet es so, dass es auch nicht mehr die geringste Lust hat, Gutes zu tun. Daher wird es an diesem Ort des Leidens dahinsiechen.

Dies gibt uns eine ungefähre Vorstellung von dem grundlegenden Konzept der sechs Bereiche der Wiedergeburt. Nun verstehen wir auch, dass diese sechs Bereiche vom Herzen, von unserer Herzenseinstellung, von unserer Geisteshaltung geschaffen werden. Sie existieren sowohl im psychischen als auch im physischen Bereich. Wenn wir zum Beispiel aus unserem Herzen eine Mördergrube machen, dann schaffen wir damit die Hölle für uns selbst und für andere. Keiner, der über die Kriege und Gewalttaten nachdenkt, die die Menschheit allein in diesem Jahrhundert begangen hat und weiter begeht, kann daran den geringsten Zweifel hegen.

Die rechte Erkenntnis besteht folglich darin, Veränderungen in der Natur unseres Herzens zu verstehen, und dann mit Hilfe von Weisheit (*prajnâ*) ganz beständig die Substanzlosigkeit aller Phänomene zu betrachten. Nur so können wir alles durchschauen, allen Ballast ablegen und ein authentisches und freies Leben führen. Das ist die einzig richtige Sichtweise des menschlichen Lebens. Haben wir sie nicht, dann wird das Herz ganz von selbst zu den sechs Bereichen der Wiedergeburt hingezogen. Und damit beginnt, sobald die karmischen Bedingungen reif sind, der nächste Kreislauf der Wiedergeburten.

IV.

Das Schicksal liegt in unserer Hand

Die buddhistische Sicht des Menschenlebens ist die eines Lebens von alldurchdringender Weisheit und höchster Erleuchtung (*samyak-sambodhi*). Die buddhistische Sicht des Universums ist die eines Universums von Ursache und Wirkung und von Wiederverkörperung.

Unser Leben ist eine Ansammlung von Ereignissen, und diese Ereignisse kommen durch unser Leben zustande. Aber wer schafft Leben und Ereignisse? Es ist unser eigenes Herz.

Unser Herz schafft zwei Arten von Karma. Die "direkte Vergeltung" ist die jetztige Inkarnation, also das, was ich in diesem Leben bin. Die "direkte Vergeltung" bringt die "indirekte Vergeltung", nämlich die Lebensumstände für diese Inkarnation mit sich, d.h. wo ich geboren bin, in Deutschland, Amerika oder in China, als Kind armer oder reicher Eltern etc. Die direkte Vergeltung ist *ming*, das Leben. Die indirekte Vergeltung ist *yün*, die Lebensbedingungen und Ereignisse. Die direkte Vergeltung erzeugt die indirekte Vergeltung und umgekehrt. Jede ist Ursache und Wirkung für die andere. Im Chinesischen drückt das Wort Schicksal (*ming-yün*) genau diese Beziehung aus, da es sich aus den Schriftzeichen für Leben und Ereignisse zusammensetzt.

Alles, was in diesem Leben auf uns zukommt, hat eine von uns selbst in der Vergangenheit geschaffene Ursache, deren Wirkung jetzt für uns spürbar wird. Wenn wir auf diese sich jetzt zeitigende Wirkung mit Weisheit reagieren können, dann können wir jeden Anlass zu Ursache von Weisheit machen. Wenn wir aber andererseits auf alles, was auf uns zukommt, mit Verwirrung reagieren, dann wird auch die beste Gelegenheit letztendlich nur weitere Unwissenheit produzieren.

Wenn wir das Verhältnis von Ursache und Wirkung verstehen, dann verstehen wir auch das Verhältnis vom Leben und seinen Bedingungen, nämlich das Schicksal. Wenn wir dies verstehen, dann müssen wir der Realität ins Auge schauen können, da jegliche Realität von unserem eigenen Herzen geschaffen wird.

Wenn wir zum Beispiel mit etwas Unangenehmem konfrontiert werden, wollen wir weglaufen. Wir schaffen es jedoch nicht, unserem Karma zu entkommen. Sollten wir in einem solchen Fall nicht besser versuchen, die Weisheit des Buddhas anzuwenden, da wir sowieso nicht weglaufen können? Was ist denn die Weisheit des Buddhas, was lehrt sie uns? Die Leere der kausalen Beziehungen. Wir brauchen nirgendwohin wegzulaufen, sondern können überall dort, wo wir gerade sind, loslassen und frei werden, da Ursache und Wirkung leer sind. Das ist jedoch nicht so zu verstehen, dass das Karma seine Wirkung nicht mehr zeitigt, dass unsere Handlungen keine Folgen mehr haben. Es bedeutet vielmehr, dass wir alles, was auf uns zukommt, egal ob Schönes oder Schreckliches, frei und furchtlos entgegennehmen können, dass wir darauf mit der Weisheit der Gelassenheit reagieren können. Warum? Deshalb, weil wir verstehen, dass es sich bei allem, was geschieht, um bedingte Erscheinungen oder Ereignisse handelt, die wie alles in der Welt leer, das heißt, dem beständigen Wechsel unterworfen sind. Das Wesen unseres Herzens und Geistes wird von diesen Erscheinungen und Ereignissen nicht verändert. Dieses Wesen ist nämlich reine Lichthaftigkeit. Und daher kann es durch die Erscheinungen weder beeinflusst noch gebunden werden.

Wenn wir jedoch die Erscheinungen nicht verstehen, dann werden wir durch sie blockiert und kommen von ihnen nicht los. Wir müssen deshalb zum Grund dieser Blockaden vordringen.

Blockaden, die durch "geistige Erscheinungen" erzeugt werden

Die "geistigen Erscheinungen" sind alle möglichen Vorstellungen, die unser eigener Geist erzeugt, und die durch diese Vorstellungen geschaffenen Formen. Vorstellungen entsprechen nicht der Wirklichkeit und geben uns daher ein falsches Wirklichkeitsverständnis. Weil unser Herz/Geist alles aus dem Nichts erzeugen kann, entsteht aus dem Nichts Etwas. Wenn wir das aber nicht durchschauen, dann halten wir unsere Gedanken und Vorstellungen weiterhin für die Wirklichkeit und produzieren damit alle möglichen hohlen Erscheinungen.

Wollen wir daher diese Art von geistigen Blockaden durchbrechen, dann müssen wir die Natur des Herzens/Geistes verstehen. Um die Natur des Herzens/Geistes zu verstehen, müssen wir uns zuerst darin üben, von den Formen und Erscheinungen loszulassen. Durch das Loslassen von allen Formen erkennen wir die Leere, erleuchten unser Herz, und erkennen unsere wahre Natur. Wir erkennen unser ursprüngliches Gesicht und werden eins mit dem *Dharmakâya*-Buddha. *Dharmakâya* bedeutet wörtlich "Leib der Wahrheit". Es ist der "Leib" oder Zustand, der alle Formen und Erscheinungen hinter sich gelassen hat, der die Wahrheit von der Leere aller dharmas verkörpert. Wenn wir eins mit dem "Leib der Wahrheit" sind, dann realisieren wir die ungeteilte Dharma-Welt, in der keine Gedanken, Vorstellungen und Ansichten unseren Geist mehr behindern können.

Blockaden, die durch "physische Erscheinungen" erzeugt werden

Die "physischen Erscheinungen" sind Formen der karmabedingten äußeren Umwelt, die durch Unbeständigkeit und Veränderung gekennzeichnet sind. Jede gegebene Bedingung basiert auf dem Gesetz von Ursache und Wirkung. Ein bestimmter Same bringt unweigerlich eine bestimmte Frucht hervor, und genauso ernten wir das, was wir gesät haben. Alle Samen erzeugen zusammen alle Veränderungen und erschaffen dadurch all das, was wir als Schönes und Hässliches, Gutes und Böses, Positives und Negatives usw. bezeichnen. Die Samen, also die dharmas, die dem Entstehen und Vergehen zugrundeliegen, erzeugen die gesamte zehnfache Dharma-Welt.

Was ist unter der zehnfachen Dharma-Welt zu verstehen? Wir haben schon von den dharmas als den Daseinsfaktoren gesprochen, auf die sich das ganze Dasein gründet. Dabei haben wir auf die drei Merkmale der dharmas hingewiesen, nämlich, dass sie bedingt, und deshalb veränderlich sind, und dass es in ihnen kein Ich, Selbst oder Ding an sich gibt, dass sie leer sind. Die Tatsache, dass alles veränderlich ist und sich letztendlich unserem Griff entzieht, empfinden wir als Leid. Sie ist der Grund unserer Daseinsangst, unserer ständigen Frustration. Der Buddha hat uns die Augen über diese Zusammenhänge geöffnet. Darum wird seine Lehre Dharma, also Wahrheit, Wirklichkeit genannt. Dharma bedeutet gleichzeitig auch das Gesetz von Ursache und Wirkung, also von den kausalen Beziehungen. Dieses Gesetz beschreibt die kosmische Ordnung der Welt. Daher bedeutet Dharma auch Gesetz, Naturgesetz.

Nun wird diese Welt als aus zehn Bereichen bestehend beschrieben. Welche Bereiche sind das? Da sind zunächst die zwei Bereiche von Buddhas und Bodhisattvas. Ein Buddha ist ein vollkommen Erwachter, jemand, der die Welt der Formen und Erscheinungen ganz durchschaut und losgelassen hat. Ein Bodhisattva ist ein Wesen voller Weisheit und Barmherzigkeit, dessen religiöse Praxis darin besteht, allen Wesen zur Befreiung von Unwissenheit und Leiden zu verhelfen. Ein *Pratyeka*-Buddha ist ein Erwachter, der ohne Lehrer von selbst zur Erleuchtung gekommen ist. Ein *Arhat* ist ein Heiliger, der alle Illusionen abgelegt hat aber dessen Praxis im Unterschied zu der des Bodhisattva nicht unbedingt darin besteht, andere zur Erlösung zu bringen. Zu diesen vier Bereichen kommen die sechs Bereiche der Wiedergeburt, nämlich die Bereiche der Götter, Menschen, Titanen, der Tiere, der Hungergeister und der Hölle. Hierbei ist festzuhalten, dass auch die Götter in einem anderen Bereich wiedergeboren werden, wenn sich die Früchte ihres Karmas erschöpft haben.

Wenn wir nun also das durch die "physischen Blockaden" erzeugte Leid aufheben wollen, müssen wir über die Leere von Ursache und Wirkung meditieren. Wir müssen unsere Betrachtung darüber anstellen, dass jegliche Ursache und jegliche Wirkung unbeständig ist. Wir müssen weiter betrachten, dass die Unbeständigkeit auch für jegliches Tun (*samskâra*), das heißt für alles durch Gedanke, Wort oder Tat Erzeugte gilt, und dass alle dharmas ohne Ich sind. Wenn wir von den physischen Formen und Erscheinungen nicht mehr weiter blockiert werden, dann nehmen wir den *Sambhogakâya*-Buddha wahr. *Sambhogakâya* bedeutet wörtlich "Leib der Wonne". Es ist der "Leib"oder Zustand, der die Wahrheit der kausalen Beziehungen verkörpert. Wenn wir eins mit dem *Samboghakâya* sind, dann realisieren wir die absolut ungeteilte Dharma-Welt, in der uns nichts auf der physischen Ebene mehr behindern kann.

Um die vollständige Befreiung zu erlangen, müssen wir also zunächst in der "Beleuchtung des Selbst" das eigene Herz als Ursprung von Allem erkennen und das Leid, das durch die blockierenden Erscheinungen im Herz-und-Geist geschaffen wird, auflösen. Die Methode dazu wird als "sich auf das Herz, nicht auf das Äußere konzentrieren" beschrieben. Dabei handelt es sich darum, unser Herz durch ständige Achtsamkeit so in Zaum zu halten, dass es durch nichts, was draußen vor sich geht, abgelenkt wird.

Normalerweise lenken wir unsere Aufmerksamkeit doch ständig auf das, was um uns herum passiert, auf die Menschen, die uns begegnen, auf die Geschehnisse, mit denen wir konfrontiert werden. Und dabei stellen wir im Geist unermüdlich Unterscheidungen darüber an, welche Person wir mögen und welche nicht, oder welche Situation wir als angenehm und angemessen empfinden, oder welche uns unerträglich oder ungerecht vorkommt usw. Dadurch wird unsere Geistesverfassung ruhelos und wechselhaft. Wenn wir es jedoch lernen, uns in der Meditation auf das Herz zu konzentrieren und es als Quelle unserer Emotionen und Vorstellungen zu erkennen, als Ursprung dessen, was uns und anderen Leid schafft, dann wird es uns nach und nach immer mehr gelingen, loszulassen und von blockierenden Erscheinungen auf der geistigen Ebene frei zu werden.

Hand in Hand mit der "Erleuchtung des Selbst", geht die "Erleuchtung des Anderen". Das bedeutet, dass wir unsere Aufmerksamkeit diesmal nicht auf das eigene Innere lenken, sondern auf die äußere Ebene der physischen Erscheinungen. Dabei müssen wir es lernen, die Lehre der physischen Veränderungen, der Unbeständigkeit, des Leidens und der Leere ganz zu verstehen, um die Behinderungen auf der physischen Ebene überwinden zu können. Die Methode, die dahin führt, wird als "sich auf das Äußere, nicht auf das Herz" konzentrieren, beschrieben. Hierbei handelt es sich darum, die Leere in allen Situationen und Ereignissen zu betrachten. Wenn wir das lange genug geübt haben, erkennen wir ganz von selbst, dass alle Dinge, egal ob sie uns gut, schlecht oder wechselhaft erscheinen, im Grunde leer, das heißt, bar eines inhärenten Selbst, sind. Diese Art der Meditation ist verhältnismäßig einfach, und wir brauchen keine Angst zu haben, dass unsere Konzentrationskraft dafür nicht ausreicht. Wenn wir diese Meditation nur lange genug üben, dann bildet sich die Konzentrationskraft ganz von selbst.

Wenn wir in dieser doppelten Praxis Fortschritte machen, lassen wir die geistigen und physischen Erscheinungen allmählich immer mehr los. Schließlich erlangen wir dann die vollkommene Befreiung in der Erfahrung der ungeteilten Einheit von Leere und Sein. Und damit realisieren wir die Dharma-Welt, in der Geist und Materie nicht zweierlei Dinge sind, in der Absolutes und Relatives sich nicht widersprechen, in der das Absolute relativ ist und das Relative absolut. Die Wirklichkeit, die als "der Herz/Geist ist Buddha" beschrieben wird, drückt sich ganz konkret darin aus, dass alles gleichzeitig der dreifaltige Buddhaleib ist, nämlich:

Erstens, der "Leib der Wahrheit"(*Dharmakâya*), also die Leere; zweitens, der "Leib der Wonne" (*Sambhogakâya*) also die kausalen Beziehungen und drittens, der "manifeste Leib" (*Nirmânakâya*), das heißt, jedes Seiende als Manifestation von Leere und kausalen Beziehungen.

Wenn wir diese Konzepte verstehen, die wahre Natur unseres Herzens und Geistes erkennen und unser Verhalten dementsprechend korrigieren können, dann können wir ein Schicksal von Unwissenheit und Kummer in die höchste Glückseligkeit des "Leibes der Wahrheit" umwandeln.

V.

Ursache und Wirkung im täglichen Leben

Der Buddhismus ist niemals von weltlichen Dingen abgehoben. Alles ist Teil des Buddhismus. Deswegen passt die Lehre des Buddha perfekt ins tägliche Leben. Das haben viele von uns bislang nur noch nicht bemerkt. Der Buddha lehrt, wie wir richtig leben und was ein befreites Leben ist. Und er lehrt, dass wir vor dem Leben nicht davonlaufen müssen. Wenn wir den Zusammenhang von Ursache und Wirkung begriffen haben, können wir nämlich den Dingen frei begegnen und uns selbst in dem Prozess verändern. Leben ist immer ein Kampf. Haben wir jedoch den Buddhismus als Basis, dann können wir gelassen handeln und inmitten des Kampfes loslassen.

Um dem Buddhismus zu begegnen, brauchen wir jedoch gute kausale Beziehungen. Ein bisschen Glück, eine gute Tat oder etwas Tugend reichen nicht aus, um die Lehre des Buddha zu erhalten. Gute kausale Beziehungen sind auch notwendig, damit ein Buddha in die Welt hineingeboren werden kann. Diese Beziehungen müssen außerdem auf einen guten Empfänger treffen. Wenn es diesen nicht gibt, können sich die kausalen Beziehungen nicht auswirken, und der Buddha kann nicht geboren werden.

Wir haben heute die Gelegenheit, der Lehre des Buddha zu begegnen und sie zur Basis unseres Lebens zu machen. Lassen wir daher diese Gelegenheit nicht verstreichen, denn sie ist wahres Glück, keine Illusion. Wenn wir den Buddhismus praktizieren, dann werden wir in höheren Buddha-Welten wiedergeboren[9] und nicht im Bereich der sechs Wiedergeburten.

Um den Buddhismus praktizieren zu können, müssen wir jedoch den Zusammenhang von Ursache und Wirkung begreifen. Wir müssen verstehen, wie er sich in unserem täglichen Leben auswirkt. Ohne dieses Verständnis können wir in unserer Praxis keine Fortschritte machen.

Das Gesetz von Ursache und Wirkung erklärt uns physische Veränderungen. Die "Ursache" beinhaltet das Konzept eines Samens, der durch die Kraft unseres Herzens und Geistes geschaffen wird. Und es ist genau diese Kraft, durch die die Welt erschaffen wird.

Es gibt günstige und ungünstige Lebensbedingungen. Diese hängen von den guten bzw. schlechten Samen ab, die das Herz erzeugt. Alle Bedingungen sind von uns in einer früheren Inkarnation selbst geschaffen worden. Wir haben schon darüber gesprochen, dass die Bedingungen für das, was wir in diesem Leben sind und die Lebensumstände, in denen wir uns befinden, das Resultat von Karma, das heißt, von unserer Herzenseinstellung und den aus ihr motivierten Taten ist. In anderen Worten, dass wir das ernten, was wir säen.

Nichts davon ist jedoch ewig. Das Leben ist kurz. Ruhm, Glück und gesellschaftlicher Status sind nicht von Dauer. Diese Dinge, die ihre Ursachen in einem vergangenen Leben haben, werden sich ändern, sobald die Ursachen ihre Wirkung verloren haben. Wenn wir also den Zusammenhang von Ursache und Wirkung verstanden haben, brauchen wir uns nicht länger Sorgen zu machen oder unvernünftig zu handeln. Egal ob wir uns in karmisch günstigen oder ungünstigen Bedingungen befinden, wir können immer Gutes tun, gute Samen säen, um für unser nächstes Leben positive Bedingungen zu schaffen.

Hierbei hilft uns der Buddhismus. Er öffnet unser Herz und macht unser Denken frei. Den Buddhismus zu praktizieren, bedeutet die Dinge zu durchschauen und loszulassen. Es bedeutet, inmitten aller Veränderung ein ausgeglichenes Herz zu bewahren, ohne zu klagen oder jemanden zu beschuldigen. Warum ist das möglich? Weil unser spirituell erwachtes Herz beständig ist. Weil es nicht kommt und nicht geht. Weil es ganz und gar unfassbar ist. Weil es ganz anders ist als die anderen zwei Arten von Herz. Welche meine ich?

Die erste Art ist das physische Organ. Die zweite ist das Herz, das sich in Äußeres verfängt, das sich ändert, sobald sich die Erscheinungen ändern. Die dritte schließlich ist das spirituell erwachte Herz. Die ersten zwei Arten von Herz sind unbeständig und veränderlich. Nur das spirituell erwachte Herz ist ohne jede Form und Gestalt, es allein ist ewig.

Unsere Herzenseinstellung bestimmt unsere Beziehung zu unserer physischen Umwelt. Oft kommen wir mit unserer Umwelt nicht zurecht, befinden uns im Widerspruch zu ihr. Dadurch entstehen Konflikte und Leid. Warum sind wir dem Leiden ausgesetzt, das durch unsere physische Umwelt geschaffen wird? Weil das Leid direkt mit uns selbst zu tun hat, weil es durch unsere Herzenseinstellung in vergangenen Existenzen geschaffen worden ist. Weil es ein Resultat vergangener Taten ist, mit deren Folgen wir jetzt zurecht kommen müssen. Wenn wir also eine gute Umwelt für künftiges Leben schaffen wollen, dann müssen wir jetzt damit anfangen, positive Bedingungen zu schaffen und die Samen des Friedens zu säen.

Wie fangen wir damit an, positive Bedingungen zu schaffen? Indem wir die fünf grundlegenden Gebote beachten. Mit der Akzeptanz der Gebote erhöhen wir nämlich die Chance, Verdienste anzusammeln. Ein Mensch, der die Gebote hält, ist reinen Herzens und daher weniger von den leidschaffenden Emotionen geplagt. Die Akzeptanz der Gebote schafft auch gute Bedingungen für das Erlernen der buddhistischen Lehre. Sind die Bedingungen erst reif, wird der Lernprozess reibunglos voranschreiten. Und die guten Samen, die wir säen, werden uns Leben um Leben immer wieder mit dem Buddhismus verbinden.

Was sind nun die fünf grundlegenden Gebote? Nicht töten, nicht stehlen, nicht lügen, nicht Ehebruch begehen und keinen Alkohohl zu sich nehmen.

Das Gebot des Nicht-Tötens bedeutet Ehrfurcht vor dem Leben, sowohl vor dem Leben der anderen Wesen wie vor dem eigenen. Wir müssen uns in diesem Zusammenhang darüber klar werden, dass Selbstmord die sinnloseste menschliche Handlung ist. Verstehen wir denn nicht, wie wertvoll das Menschenleben ist? Als Mensch haben wir die einzigartige Chance, Gutes und Verdienstvolles zu tun. Unser Herz ist wie ein Same, der Früchte hervorbringt. Und die Samen dieser Früchte werden wieder gesät werden, und so weiter und so weiter. Dies gilt für jedes Leben und für jede Generation. Auf das Leben folgt der Tod und auf den Tod das Leben. All dies ist untrennbar mit unserem Herzen verbunden. Welchen Vorteil hat es denn, sich umzubringen? Insbesondere, wo wir in diesem Körper doch noch so viel erreichen können. Warum sollten wir da den Tod suchen?

Geister leiden, weil sie keinen Körper haben und hilflos umhergetrieben werden. Selbstmord ist dasselbe wie Mord an einem anderen Wesen, weil ein Mensch, der in einem bestimmten Alter Selbstmord begeht, im nächsten Leben zu genau diesem Zeitpunkt wiederum Selbstmord begehen wird. Das ist so, weil der Same des Selbstmordes bereits im achten Bewusstsein[10] gepflanzt wurde.

Der Buddhismus befiehlt also, nicht zu töten. Dies tut er nicht, um ein Dogma aufzustellen, sondern um uns selbst vor Leid und Schmerz zu bewahren. Nicht zu töten kann uns vor dem Leid bewahren, selbst getötet zu werden. Wenn wir es jedoch nicht vermeiden können, zu töten, müssen wir die Betrachtung anstellen, dass alles aufgrund von kausalen Beziehungen entsteht, und dass diese Beziehungen nicht wirklich sind, weil sie wie alles der ständigen Veränderung unterworfen sind. Und wir müssen daran denken, dass das Leben Leere ist. Dass es leer an inhärenter Existenz ist. Dass es kein Ich gibt. Dass sich das, was wir als Ich bezeichnen, aus den fünf Gruppen zusammensetzt, aber als solches keinerlei Realität hat. Da es kein Ich gibt, gibt es auch nichts, das getötet werden könnte. Trotzdem sagt uns der Buddha, dass wir nicht töten dürfen. Das tut er, um uns vor dem Leid zu bewahren, das das Töten als Konsequenz mit sich bringt.

Wenn es nur ein Leben gäbe, dann wäre mit dem Tod ja sowieso alles vorbei. Dann würde es in der Welt keine Menschlichkeit geben. Dann würden Mord und Raub ausufern. Da es aber die Wiedergeburt gibt, was bedeutet, dass mit dem Tod nicht alles vorbei ist, sondern weil sich die Resultate unserer Taten weiterhin auswirken, ermahnt Buddha uns, auf dem rechten Weg zu bleiben.

Das Gebot, nicht zu stehlen, bedeutet, nicht gierig zu sein. Ein gieriger Mensch hat weder Glück noch gute Beziehungen zu anderen. Wenn wir die weltlichen Erscheinungen nicht durchschauen können, werden wir gierig sein. Begierde bewirkt, dass wir an den Dingen festhalten, und aus Festhalten entsteht Streit. Aus Streit folgt Verstimmung, die wiederum Hass einbringt. Hass erzeugt Hass, und wenn dieser Kreislauf nicht aufgelöst wird, wird Wiedergeburt auf immer und ewig erzeugt.

Das Gebot, nicht zu lügen, bedeutet Respekt für alle Lebewesen. Wenn wir uns selbst und andere nicht betrügen, sind wir aufrichtigen Herzens und erhalten ihr Vertrauen. Wenn wir andere respektieren, werden wir von ihnen respektiert und gewinnen dadurch an Liebenswürdigkeit. Wir müssen es daher lernen, selbstlos zu sein und alle Lebewesen als Buddha behandeln. Wir müssen andere achten, dürfen sie nicht durch Unaufrichtigkeit oder das Gefühl der eigenen Wichtigkeit herabsetzen.

Das Gebot, keinen Ehebruch zu begehen, das heißt keine ungeregelten sexuellen Beziehungen aufzunehmen, vermindert emotionale Verstrickungen und das dadurch verursachte Leid. Wenn wir schon einmal verheiratet sind oder in einer festen Beziehung leben, dann sollen wir uns darum bemühen, das Gute zu wählen und daran festzuhalten.

Ein guter Partner ist wie eine Fähre über den Strom. Kinder können sich zu einer täglichen Herausforderung entwickeln. Als Eltern wollen wir unser Bestes geben, weil wir unsere Kinder lieben. Wenn wir aber das, was wir lieben, besitzen wollen, geraten wir in Schwierigkeiten. Wenn wir alles als unser Eigentum betrachten, werden wir tief verletzt sein, wenn etwas nicht nach unserem Willen geschieht. Daher müssen wir zwar unser Bestes geben, dürfen uns aber nicht an die Kinder klammern oder Forderungen an sie stellen.

Wir müssen verstehen, dass die Beziehungen zu unseren Kindern und zu unserem Partner Resultate einer früheren Existenz sind. Diese Beziehungen sind nicht notwendig etwas Gutes oder Schlechtes. Sie sind nur Ausdruck des Gesetzes von Ursache und Wirkung, sie sind Wege des Schicksals. Beziehungen verändern sich, sind nicht für immer. Daher sollten wir sie in einem Geist, der frei von Streit und Berechnung ist, leben.

Diese Art selbstlosen Geistes wird im Buddhismus der Geist der Barmherzigkeit genannt. Die größte Barmherzigkeit besteht darin, alle Menschen, mit denen wir in einer solchen Beziehung stehen, zur Erleuchtung zu bringen. Wenn sie nicht so leicht zur Erleuchtung kommen, lernen wir dabei Bodhisattvas zu werden. Das bedeutet, dass wir lernen, geschickte Mittel (*upâya*) einzusetzen, das heißt die richtigen Wege und Methoden zu finden, um ihnen zur Erleuchtung zu helfen. Wie ist das möglich? Indem wir Gutes tun und uns in Weisheit üben.

Was das Tun des Guten betrifft, so sollten wir uns bei jeder unserer Handlungen bewusst sein, dass ein einziger Samen in der Zukunft reiche Frucht bringen kann. Daher sollten wir nichts Gutes für zu geringfügig halten, um es wirklich zu tun. Eine gute Tat muss nicht unbedingt äußerlich sichtbar sein. So wie eine negative Einstellung bewirken kann, dass wir frustriert werden, kann eine positive Einstellung bewirken, dass alles zum Guten verläuft. Jede gute Motivation, die von ganzem Herzen kommt, ist ein Akt der Wohltätigkeit. Ein noch so kleiner wohltätiger Akt kann große Verdienste ansammeln. Samen benötigen jedoch zum Wachsen fruchtbare Erde. Unser Herz ist diese Erde.

Um diese Erde fruchtbar zu machen, sollten wir uns daher im täglichen Leben so viel wie möglich für andere einsetzen. Oberflächlich betrachtet mag es zwar so aussehen, als ob sie nichts mit uns zu tun hätten, und dennoch schaffen wir durch unseren Einsatz günstige Bedingungen für eine zukünftige Existenz. Einmal gepflanzte Samen brauchen Zeit zur Reife und können nicht sofort geerntet werden. Manche Menschen tun viel Gutes in ihrem Leben und müssen trotzdem viel erleiden. Vielleicht haben sie in einer vergangenen Existenz etwas Übles angerichtet. Das Gute, das sie jedoch heute tun, wird in einem der nächsten Leben reifen und dann geerntet werden, wenn die kausalen Beziehungen reif dafür sind.

Wenn wir es daher schaffen, in allem Tun anderen zu helfen, dann werden andere auch uns helfen. Ein guter Same bringt mit Sicherheit eine gute Frucht. Was ist der beste Same? Der Same, der andern hilft, ihre wahre Natur zu verstehen, der Same, der ihnen Erleuchtung und Befreiung bringt. Das ist der beste Same, denn er ist ohne Komplikationen, Zwänge oder Schwierigkeiten.

Es ist ein Unterschied, ob man gute oder schlechte Samen sät. Gute Samen binden uns daran, Gutes zu tun. Schlechte Samen binden uns daran, Schlechtes zu tun. Gutes und Böses wechseln sich ab und halten daher unser Herz gefangen. Das Verstehen von Gutem und Bösem ist die Buddha-Natur.

Die Buddha-Natur ist unsere geistige Natur. Erst wenn wir unsere geistige Natur verstehen, können wir wirklich Gutes tun. Dann verstehen wir auch, dass das Gute, das wir tun, letztendlich für uns selbst geschieht und nicht für andere. Warum? Weil wir die Früchte unserer Taten selbst ernten.

Weil wir die Früchte unserer Taten selbst ernten, liegt das Schicksal in unserer Hand. Wir verstehen nun, dass das Schicksal das Zusammenspiel von Ursache und Wirkung ist. Daher müssen wir in allem Tun, das heißt in allen unseren körperlichen, verbalen und geistigen Handlungen, den Zusammenhang von Ursache und Wirkung beobachten. Erzeugen wir Ursachen, die den Weg verstellen, dann werden sich diese als Hindernisse auf dem Weg zur Erleuchtung auswirken. Es ist ein Hindernis, dem Schicksal gegenüber eine fatalistische, passive Haltung einzunehmen. Vor dem Schicksal weglaufen zu wollen, ist ein Hindernis. Mit dem Schicksal zu hadern, ist ebenfalls ein Hindernis.

Die menschliche Existenz ist nie ganz frei von Sorgen. Wir leiden, ob es unser Schicksal gut oder schlecht mit uns meint. Wir tendieren dazu, uns selbst für den unglücklichsten Menschen auf der ganzen Welt zu halten. Wir hadern mit dem Schicksal und leiden, weil wir oft nur die dunkle Seite der Dinge betrachten. Dabei wird uns dann sogar unser eigener Leib zur Last. Es ist so, als ob wir ein Kind hätten. Wenn es erst einmal geboren ist, spannt es uns ganz ein. Dann haben wir keine Ruhe mehr, egal ob wir uns um das Kind kümmern oder nicht.

Wenn wir jedoch die positive Seite zu sehen lernen und uns selbst ganz einsetzen, um anderen zu helfen, dann werden wir nicht mehr leiden. Wir sollten in der Lage sein, das Leid anderer zu teilen, anderen zu vergeben und die Dinge aus ihrer Lage zu sehen. Selbst wenn sie uns Unrecht zufügen oder etwas schuldig bleiben, sollten wir nicht mit ihnen streiten oder unser Schicksal beklagen, sondern verstehen, dass sie uns dadurch die Möglichkeit geben, die guten Samen von Verständnis, Vergebung und bedingungsloser Liebe zu säen.

Wenn wir in allem die positive Seite sehen können, üben wir uns in Weisheit. Mit Weisheit gibt es keine nennenswerten Hindernisse mehr. Mit Weisheit fallen uns weder die anderen noch wir selbst zu Last. Mit Weisheit kommt uns alles recht. Das ist so einfach wie essen und verdauen. Wenn uns immer noch vieles zur Plage wird, dann liegt das daran, dass wir nicht richtig verdauen.

Wenn wir also den Zusammenhang von Ursache und Wirkung verstehen, dann ist die einzig richtige Einstellung, nicht zu klagen, sondern unseren Herzensentschluss zu fassen und mutig voranzuschreiten. Welchen Herzensentschluss? Den Entschluss, den Geist der Erleuchtung zu entfalten. Den Entschluss, stets danach zu streben, selbst erleuchtet zu werden und andere erleuchten zu können. Beschreiten wir den Weg des Bodhisattvas. Nehmen wir die Barmherzigkeit als Ausgangspunkt und den Dienst an anderen zum Ziel. Wenn wir uns in allem Tun darum bemühen, dann gibt es keine Hindernisse mehr. Wenn all unsere Handlungen dem Glück aller Lebewesen dienen, dann tun wir das Richtige.

Der Weg des Bodhisattvas gründet sich auf Barmherzigkeit und Weisheit. Barmherzigkeit ist das Tun des Guten. Weisheit ist das Verständis von Ursache und Wirkung und von Leere. Falsch verstandene Ursachen sind Quellen für Hindernisse auf dem Weg zur Weisheit. Und ohne Weisheit hat die Barmherzigkeit weder Kraft noch Bestand. Daher müssen wir das Verständnis der Leere entwickeln. Dazu müssen wir es lernen, alle Ereignisse in unserem Leben von der Leere her zu betrachten. Können wir das, dann ist unser Leben Leere. Dann ist unser ganzes Leben Meditation. Dann können wir durch die Erfahrung des ungeborenen Herzens alles annehmen und ertragen.

Was ist das ungeborene Herz? Es ist das spirituell erwachte Herz, der Geist, der keine Erscheinungen erzeugt und auch selbst durch keine Erscheinungen erzeugt wird. Ein solches Herz, ein solcher Geist, ist immer ausgeglichen, zufrieden und frei. Wenn wir uns im Buddhismus üben, dann müssen wir es lernen, in jeder Situation ein ausgeglichenes Herz und einen friedvollen Geist zu bewahren. Ganz egal, ob wir unter Zeitdruck stehen, in eine schwierige Situation verwickelt sind, die uns eine Entscheidung abfordert, oder anders gefordert sind, wir dürfen diesen Geist nie aufgeben. Das heißt, dass wir uns immer darum bemühen müssen, die Dinge zu durchschauen und dann loszulassen.

Wenn zum Beispiel einmal ein Streit aufkommt, dürfen wir nicht nachtragend sein. Mit etwas Arbeit an uns selbst lernen wir, alles ganz frei entgegennehmen und ablegen zu können. Dann hören sogar Streitereien von selbst auf.

Oder wenn wir einen großen beruflichen Erfolg oder Misserfolg haben, müssen wir gelassen bleiben und uns an das halten, was der Buddhismus lehrt. Er lehrt uns nämlich, in dieser Welt des Wettbewerbs, in der wir leben, die Leere von Gewinn und Verlust zu durchschauen und dann loszulassen. Gewinn und Verlust sind wie Wellen des Herzens, das Spiel von Yin und Yang. Gut und Schlecht hat keinen Bestand, Erfolg und Versagen werden sich in Luft auflösen. Wenn wir dies nicht durchschauen und davon loslassen können, ist kein Fortschritt möglich. Dann schwelgen wir nur in Vergangenheit.

Wir müssen also lernen, sowohl Glück als auch Pech anzunehmen, sie als Ausdruck der Leere erfahren zu können. Wenn wir uns jedoch von äußeren Eindrücken beeinflussen lassen, dann sind wir nicht frei. Wir müssen verstehen, dass sich die äußeren Umstände nicht unter Kontrolle bringen lassen. Sie sind veränderlich, unbeständig. Haben wir das verstanden, dann können wir wahren Frieden und wahres Glück finden. Dann ruhen Herz und Geist in Gelassenheit.

Ein Leben in der Leere gibt uns auch die richtige Einstellung gegenüber dem Tod. Wenn ein Mensch stirbt, geht er. All die Sorgen und Augenblicke des Glücks, all die Trennungen und Begegnungen des Lebens sind wie ein Stück Musik. Es mag bewegend sein, aber wenn es ausgeklungen ist, ist es vorbei. Wir sollten nicht mehr darauf versessen sein. Es ist eine schlechte Gewohnheit, auf etwas versessen zu sein. Diese Macht der Gewohnheit müssen wir nach und nach reduzieren. Haben wir sie erst ganz ausgeschaltet, leben wir mit weniger Problemen. Mit einer buddhistischen Einstellung können wir den Tod und anderes unabwendbares Leid annehmen und frei im Herzen tragen.

Wenn wir schließlich alle Ereignisse in unserem Leben von der Leere her betrachten können, dann sind wir auf dem Weg zur Erleuchtung. Vor der Erleuchtung werden wir durch die kausalen Beziehungen bestimmt. Wir sind nicht wir selbst. Nach der Erleuchtung werden wir durch nichts mehr bestimmt.

VI.

Die richtigen Verständnisgrundlagen und Methoden zur Praxis des Buddhismus

Das Wort Praxis setzt sich im Chinesischen aus zwei Schriftzeichen zusammen. Das erste von ihnen, *hsiu*, bedeutet lernen, üben oder trainieren. Das zweite von ihnen, *hsing*, bedeutet Verhalten oder Verhaltensweise. Was üben oder trainieren wir? Wir "trainieren" unseren Geist. Dieser Geist schafft uns viele Probleme, und deshalb müssen wir ihn darin üben, in die Klarheit einzudringen. Haben wir diese Klarheit, dann besteht unser Verhalten darin, alles im Universum vom Prinzip her vollständig zu durchdringen. Wenn es nur irgendetwas gibt, das wir geistig nicht durchdringen können, dann wird uns das zum Samen der Wiedergeburt. Verwirrung bringt erneute Wiedergeburt mit sich. Wenn jedoch alle Samen für die Erleuchtung vollständig vorhanden sind, erlangen wir vollkommene Klarheit.

Unser Geist strebt von selbst nach der Befreiung. Die Natur des Geistes besteht nämlich darin, zu begreifen, dass alle Blokkaden aus Unwissenheit entstehen. Wenn wir ihn daher nicht binden, von allen Verhaftungen lösen, wird er alles im Universum umfassen können. Wenn er die physischen und geistig/emotionalen Blockaden überwinden kann, kann er in alles frei eindringen. Unser Verhalten sollte daher offen, friedlich, nicht streitsüchtig oder rivalisierend sein.

Die Lehre beruht auf Praxis. Doch wenn wir das Prinzip der Lehre nicht verstehen, können wir es nicht in die Praxis umsetzen. Wollen wir das Prinzip verstehen, dann muss unser Denken klar und zusammenhängend sein. Und das kann es nur sein, wenn unsere Vorstellungen nicht verworren sind. Wenn unsere Vorstellungen verworren sind, werden sie unrealisierbar sein. Damit das nicht passiert, müssen wir ständig die folgerichtigen Gedanken und Worte eines erleuchteten Lehrers auf uns wirken lassen. Andernfalls können wir keine Klarheit gewinnen und das Prinzip nicht erfassen. Der Lehrer hilft uns, von unserer Unwissenheit und von unseren Verhaftungen frei zu werden. Um zur Erleuchtung zu kommen, müssen wir uns daher auf den Lehrer verlassen, aber gleichzeitig auch auf uns selbst.

Die Praxis des Buddhismus kann man mit den Grabungsarbeiten in einem Bergwerk vergleichen. Das Aufgeben von falschen Vorstellungen ist wie das Reinigen des Metalls von Erde und Schmutz. Wenn wir das Gold in Händen halten, brauchen wir nicht weiter danach zu graben.

Was ist nun der wichtigste Teil der Praxis? Es ist die Zähmung des Herzens und Geistes. Ohne sie kommen wir nicht frei von falschen Vorstellungen. Ohne sie können wir das Gold nicht von Schmutz und Erde befreien. Wenn wir wirklich bis zum Gold vorstoßen wollen, dann kommt es dabei auf einen einsgerichteten Geist an, der nicht aufgibt.

Vom Wesen her sind wir frei und erleuchtet. Es ist nur so, dass unser Geist leicht von den drei Illusionen befallen wird. Welche? Die Illusion, in der wir aus Unwissenheit die Erscheinungen für die Wirklichkeit halten. Sie erzeugt Zuneigung und Abneigung, Gier und Hass. Die Illusion, die uns angesichts der großen Zahl von Lebewesen befällt. Sie erzeugt die Einstellung, dass wir nichts für ihre Rettung tun können. Und schließlich die Illusion, die mit der vorgefassten Meinung von einem Selbst oder Ich zu tun hat. Sie verhindert es, dass wir alte Gewohnheiten ablegen können. Diesen Selbsttäuschungen müssen wir auf den Grund gehen.

Was bedeutet das für die Praxis? Eine Praxis des Buddhismus, die ausschließlich auf Gefühlen basiert, ist nur eine Art Krücke. Und wenn sie nur auf Aberglauben basiert, ist sie eine Art Götzendienst. Keines von beiden kann als Buddhismus bezeichnet werden, sondern nur als die sich wandelnden Vorstellungen von Menschen, die nicht weiter nachdenken. Die wirkliche Praxis des Buddhismus verlangt das rationale Erfassen der Wahrheit.

Praxis bedeutet also nicht, irgendetwas Besonderes zu erwarten oder zu tun, sondern lediglich, die Wirklichkeit klar zu erkennen. Praxis bedeutet, angestammte Denkgewohnheiten abzulegen, unser Herz und unseren Geist klar zu durchschauen.

Die wahre Natur unseres Geistes ist frei von Erscheinungen. Weil wir aber nicht verstehen, dass der Geist an sich formlos ist, halten wir oft etwas Falsches für die Wirklichkeit. Unser Mangel an Erfahrung und Weisheit schafft uns jede Menge Vorstellungen und Emotionen, die Leid und Probleme mit sich bringen. Um aus dem Kreis dieser falschen Denkgewohnheiten, Vorstellungen und Emotionen herauszukommen, müssen wir ständig in der Meditation die Wirklichkeit betrachten. Welche Wirklichkeit? Die Wirklichkeit der Leere. Wenn wir das können, dann begreifen wir, dass alles ganz einfach ist und dass sich nie etwas geändert hat oder ändern wird.

Dann sehen wir auch positive und negative karmische Bedingungen als nichts anderes als vorüberziehende Reisende auf einer Straße. Dann versuchen wir weder, negative Bedingungen abzulehnen noch an positiven Bedingungen festzuhalten. Dann wird unser Leben realistisch, und unser Lebensspielraum weit, unsere Zeit reichlich und unser Horizont unbegrenzt. Wenn wir es schließlich vollkommen geschafft haben, unsere falschen Denkgewohnheiten abzulegen, erlangen wir die Welt der Leere. Dann genießen wir grenzenlose Freiheit.

Wenn wir die wahre Natur unseres Herzens und Geistes verstehen, dann verstehen wir auch, dass es im Buddhismus keine drei Zeiten, das heißt, keine Vergangenheit, Gegenwart und Zukunft, gibt. Das Jetzt ist das Universum. Die Vergangenheit bin ich, die Zukunft bin ich und die Gegenwart bin ebenso ich. Das wahre Ich ist nämlich ohne Form. Es ist das Hier und Jetzt.

Als Anfänger im Buddhismus werden wir uns jetzt fragen: Wie sollen wir es denn schaffen, unsere falschen Ansichten und Denkgewohnheiten abzulegen? Die Antwort lautet: durch die Praxis des achtfachen Pfades. Wir müssen uns in unserem Leben täglich darum bemühen, nie von diesem Pfad abzuweichen. Was ist der achtfache Pfad? Es ist ein Pfad der Praxis, der aus den folgenden acht Gliedern oder Grundregeln besteht: Rechte Sicht, rechtes Denken, rechte Rede, rechtes Verhalten, rechte Lebensführung, rechter Eifer, rechte Achtsamkeit und rechte Sammlung.

Wir müssen die rechte Sicht der Dinge haben, damit wir richtig denken können. Unsere Rede kann nur dann richtig sein, wenn wir richtig denken. Mit der rechten Rede geht das rechte Verhalten einher. Ist unser Verhalten richtig, dann führen wir unser Leben auf vernünftige und rechte Weise. Wenn wir uns bei all diesem den rechten Eifer geben, werden wir ganz von selbst die rechte Achtsamkeit entwickeln. Die rechte Achtsamkeit besteht im Vermeiden von irreführenden Gedanken in Herz und Geist. Ohne irreführende Gedanken verweilt unser Geist nicht bei irgendwelchen sinnlosen Unterfangen, sondern kommt ganz von selbst in die rechte Sammlung.

Der Buddhismus lehrt uns den achtfachen Pfad, weil wir intelligent sind und keinen Unsinn glauben werden. Er lehrt uns, dass das Universum leer ist, und gibt uns all die richtigen Argumente und Beweise dafür. Er fordert uns nicht auf, blind zu glauben, sondern allen Argumenten und Beweisen ganz auf den Grund zu gehen, so dass unser Geist und Verstand alle Hindernisse aus dem Weg räumen und zur Ruhe kommen kann.

Die Praxis des Buddhismus beginnt also mit der rechten Sicht. Was ist nun die rechte Sicht? Es ist die Weisheit der Leere (*prajñâ*). Wenn unsere Sicht nicht ganz klar ist, dann können wir nicht den richtigen Weg wählen. Weisheit ist das Auge. Wir müssen Augen haben, um den Pfad zu sehen. Weisheit ist der Ausgangspunkt unserer Praxis. Verschwenden wir also nicht unsere Zeit damit, so viel über uns selbst und andere zu reden, oder Unterscheidungen darüber anzustellen, wer recht hat und wer nicht. Reden wir nur über das, was wir "ausleeren" können. Wenn wir es nicht "ausleeren" können, brauchen wir gar nicht lange darüber zu reden. In Wirklichkeit ist es nämlich sowieso Leere, ganz egal, ob wir darüber reden oder nicht. Denken wir daran, dass wir uns nicht auf die Unterscheidungen zwischen Richtig und Falsch, oder Ich und Du versteifen sollten. Richtig und Falsch, Ich und Du – nichts davon ist letzten Endes wirklich. Weisheit ist die rechte Sicht. Ohne Weisheit haben wir die rechte Sicht der Dinge nicht.

Wollen wir die rechte Sicht der Dinge entwickeln, dann hilft es, unsere Zuflucht zu den drei Kleinodien, nämlich zu Buddha, Dharma und Sangha zu nehmen. Der Buddha ist die Quelle. Der *Dharma*, d.h. seine Lehre, ist der klare Weg. Der Sangha, d.h. die Gemeinschaft derer, die den Buddhismus praktizieren, ist unser Lehrer. Wenn wir also unsere Zuflucht genommen haben, dann finden wir viele Lehrer, die uns den klaren Weg zeigen, der zur Quelle zurückführt.

Die Praxis des Buddhismus hat das Ziel, zur Quelle zurückzukehren und alle Krankheiten des Herzens und Geistes ganz zu heilen. Das Leben als Mönch oder Nonne hat das Ziel, alle Unwissenheiten restlos zu beseitigen. Die Lehre des Buddha hat letztendlich das Ziel, anderen zu helfen. Bei der Praxis kommt es daher nicht nur auf einen klaren, einsgerichteten Geist an, der das Prinzip der Leere erfassen und durchdringen kann, sondern auch auf ein liebendes, mitfühlendes Herz. Liebende Güte und Barmherzigkeit gründen sich auf Selbstlosigkeit. Ohne Selbstlosigkeit können wir in unserer Praxis nichts erreichen. Liebende Güte und Barmherzigkeit sind eine gesegnete Tugend, und diese gesegnete Tugend ist ein Kapital für unsere Praxis. Ohne gesegnete Tugend können wir bei der Praxis auf viele teuflische Hindernisse treffen, aber mit Tugend schaffen wir genug hilfreiches Karma, das uns auf dem Weg beisteht.

Wenn wir in der Praxis mit dunklen Mächten konfrontiert werden und auf teuflische Hindernisse treffen, dann kommt es darauf an, dass wir dabei ein gerades, aufrichtiges Herz bewahren. Diese Art von Hindernissen können nämlich Hilfen sein, die unser Herz in seiner Ausrichtung auf den rechten Weg festigen. Wenn wir zum Beispiel auf einem Friedhof praktizieren, dann ist es ganz wichtig, dass wir dabei die richtigen geistigen Vorstellungen haben. Andernfalls können wir unsere Ängste nicht überwinden. Wenn wir dazu das barmherzige Gelübde ablegen, zu Gunsten aller Lebewesen arbeiten zu wollen, dann werden wir ganz natürlich auch von allen Lebewesen beschützt und sind somit frei von teuflischen Ängsten.

Die einsame Praxis auf einem Friedhof mag für eine gewisse Phase gut sein, aber nicht für längere Zeit. Der beste Ort für die Praxis ist das tägliche Leben, in dem wir unser Selbst in unseren ganz gewöhnlichen Aktivitäten immer wieder unter Kontrolle bringen müssen. Wenn wir in allen Situationen Weisheit walten lassen und erkennen, dass unsere angestammten Gewohnheiten nicht die Wirklichkeit selbst sind, und wenn wir weiterhin in allem die Leere der kausalen Beziehungen zu Werke sehen können, dann klammern wir uns an nichts mehr fest.

Einige Menschen fühlen sich jedoch zu asketischer Praxis an einem abgeschiedenen Ort hingezogen. Dies ist gut, denn sie stärkt unser Vertrauen in den Buddha und seine Lehre. Außerdem ist unser Herz in streng asketischer Praxis verhältnismäßig gelöst und ruhig. Wenn es das aber nicht ist, sondern unruhig hin und her springt, dann verwickelt es sich leicht in äußere Dinge. Das ist dann das Ende unserer Praxis.

Es gibt auch Menschen, die sich in ihrer Praxis des Buddhismus auf Magie einlassen. Wir müssen jedoch verstehen, dass magische Kräfte, die während der Meditation auftreten können, durch Gier erzeugt werden. Es hängt von der Weisheit des Einzelnen ab, ob diese Kräfte in Erscheinung treten oder nicht. Wenn wir unsere inneren Triebe jedoch nicht durchschauen und uns erst einmal auf Magie eingelassen haben, dann ist es sehr schwierig, umzukehren. Es sei denn, wir bereuen unsere Fehler und nehmen uns den Rat eines weisen Lehrers oder Freundes zu Herzen. Andernfalls wird bei unserer Praxis nichts Gutes herauskommen. Ein reifer Mensch benötigt keinen Beweis durch Wunder.

Wenn wir den Buddhismus praktizieren, müssen wir unser Herz zur Landkarte machen. Wählen wir uns eine andere Karte, dann befinden wir uns auf dem falschen Weg. Wenn wir den Weg in großer Hast hinter uns bringen wollen, dann bedeutet das einen Rückschritt für die Praxis. Hast ist zwecklos. Genauso zwecklos ist es, in der Praxis nur den Moment der Erleuchtung anzustreben. Wir müssen das, was wir in der Erleuchtung erfahren, in die Praxis umsetzen, um wirklich erleuchtet zu sein.

Noch bedrohlicher als Hast und Eile ist jedoch Nachlässigkeit. Sie ist wie eine Sonnenfinsternis. Sie verdunkelt unser Lebenslicht und bringt es zum Erlöschen.

Die Gefahr der Nachlässigkeit besteht dann, wenn wir mit der Methode für die Praxis aus welchen Gründen auch immer nicht mehr zurechtkommen. Jeder einzelne von uns hat unterschiedliche karmische Voraussetzungen für die Praxis, und deshalb gibt es dementsprechend viele unterschiedliche Methoden.

Diese Methoden lassen sich in zwei Kategorien unterteilen: 1) Die auf dem Prinzip basierende Praxismethode, die darin besteht, Klarheit des Denkens zu erreichen und alle Gegebenheiten von der Weisheit der Leere (*prajñâ*) her zu bewerten; 2) die auf Handlung basierende Praxis, die zum Beispiel darin besteht, pausenlos Mantras zu rezitieren, ohne dabei über den Sinn nachzudenken, so dass man während der Rezitation in den Zustand des Nicht-Denkens kommt.

Die Methoden des Ch'an-Buddhismus fallen hauptsächlich unter die erste Kategorie, während die der tantrischen Schule oder der Schule des Reinen Landes hauptsächlich zur zweiten Kategorie gehören. Die beiden Kategorien schließen sich jedoch gegenseitig nicht aus, sondern ergänzen sich. Daher macht zum Beispiel die Ch'an Schule von den Methoden beider Kategorien Gebrauch. Die Verehrung des Namens von Buddha Amitâbha, das Rezitieren von Mantras, und das Sitzen in Meditation und das Studium der Sutras sind alles Methoden der Praxis. Sie erstreben die echte Erleuchtung. Daher möchte ich im Folgenden zu jeder der Methoden etwas sagen.

Die Verehrung des Buddha Amitâbha

In allen Ländern, in denen der Buddhismus praktiziert wird, gibt es sehr viele Menschen, die Buddha Amitâbha aus ganzem Herzen verehren und ihn bitten, dass sie im Paradies des Reinen Landes wiedergeboren werden. Dieses Paradies liegt dem *Reines Land Sûtra* zufolge am Ende unzählig vieler Buddha-Welten im Westen und wird deshalb auch Paradies des Westens genannt.

Geschaffen wurde dieses Paradies durch das Gelübde des Mönches Dharmakâra, einer früheren Inkarnation von Buddha Amitâbha. Vor unzähligen Äonen war Dharmakâra ein Mönch gewesen, der gelobt hatte, alle Lebewesen vom Leiden zu erlösen und der Seligkeit zuzuführen. Um das verwirklichen zu können, legte er das große Gelübde ab, dass er ein Paradies schaffen werde, in dem es kein Leiden mehr geben sollte. Und dann wählte er die einfachste Methode aus, wie man in dieses Paradies gelangen kann, nämlich die verehrende Anrufung des Buddhanamens. Nachdem er so den Ort der Befreiung und die Methode, ihn zu erreichen, festgelegt hatte, legte er noch weitere achtundvierzig Gelübde ab. Die Praxis, jedes einzelne dieser Gelübde zu erfüllen, war sehr schwierig und mühselig. Dennoch scheute er keine Mühe und ging mit heldenhaftem Eifer daran, die Samen der Weisheit zu säen und wachsen zu lassen, um dadurch sein Buddhaland zu verwirklichen. Das ist das Paradies des Reinen Landes, wo der Buddha Amitâbha den Lebewesen weiterhin unaufhörlich die Lehre verkündet, so dass sie zur höchsten Erleuchtung gelangen können.

Wir verehren Buddha Amitâbha, weil das unseren Geist und unser Herz zur Ruhe kommen lässt. Wenn wir nämlich unser Herz auf etwas anderes als auf den Buddha Amitâbha ausrichten, dann wird es sich in Äußerlichkeiten verfangen und darin hängen bleiben. Dann werden wir unsere Herzensfreiheit verlieren. Dann werden wir, ohne es zu merken, unser Leben auf Illusionen aufbauen und letztendlich verlieren.

Wie verehren wir den Buddha richtig? "Verehrung" gibt die Nuancen des Begriffes *nien-fo* (jap. *nenbutsu*) nicht genügend wieder. "*Nien*" bedeutet ständig an etwas denken, sich erinnern und auch etwas auswendig sagen, rezitieren, beten. Wir denken also ständig an den Buddha, nehmen unsere Zuflucht zu ihm und sagen seinen Namen, entweder im Geist oder mit lauter Stimme. Die Formel, die wir hierfür benützen ist "*Namo Amitofo*" (jap. *Namu Amidabutsu*). "Namo" bedeutet "Ehre sei" oder "Verehrung", also "Ehre sei Buddha Amitâbha".

Die richtige Verehrung des Buddha Amitâbha, das unablässige Sagen seines Namens, ist eine Herzensübung. Ob wir die Stimme dazu benützen oder nicht, ist unwichtig. Wenn wir diese Übung lange genug fortsetzen, werden wir allmählich unsere Probleme und Frustrationen loswerden. Die Verehrung von Buddha Amitâbha bedeutet nämlich, Probleme zu lösen.

Die Fähigkeit, uns in Problemen zu verfangen, entwickeln wir sobald wir geboren sind, nicht aber die Fähigkeit, Buddha Amitâbha zu verehren. Wenn uns unsere Probleme jetzt zu viel werden, müssen wir diese Gewohnheit ablegen und durch die Verehrung von Buddha Amitâbha ersetzen. Erst wenn wir das so tun, dass uns nichts mehr davon abhält, werden sich unsere Probleme ganz in nichts auflösen.

Es ist nämlich so, dass wir durch diese Übung günstige Bedingungen schaffen, um mit dem Buddha in Kontakt zu kommen. Der Buddha repräsentiert alle Bedingungen für unsere Erleuchtung. Wenn wir daher unablässig an ihn denken und seinen Namen sagen, werden uns viele Menschen begegnen, die mit uns über die Lehre des Buddha sprechen und uns Weisheit vermitteln.

Wenn wir jedoch kein Kapital mitbringen, können wir weder unsere Lebensprobleme lösen noch in das Reine Land kommen. Unser Kapital ist ganz einfach die Verehrung des Buddha. Die Verehrung des Buddha in jeder Lebenslage, im Gehen, Stehen, Sitzen und Liegen. Wenn wir also Angst vor dem Leid der Wiedergeburt haben und direkt ins Reine Land kommen wollen, dann müssen wir an Buddha Amitâbha denken, bis uns nichts mehr davon abhält. Wir dürfen nichts im Sinn haben als das Sagen seines Namens. So wie ein Verliebter nur an seine Geliebte denkt, genauso müssen wir aus ganzem Herzen nur an Buddha Amitâbha denken und unsere Zuflucht zu ihm nehmen.

Jedoch die Art, in der viele Menschen Zuflucht zu Buddha, seiner Lehre und zur Gemeinschaft derjenigen, die den Buddhismus praktizieren (*sangha*) nehmen, ist oft nur oberflächlich. Die richtige Art der Zuflucht zu Buddha Amitâbha ist die Konzentration auf die Erleuchtung. Dabei dürfen wir im Herzen nicht über Gutes, Schlechtes, Sein oder Nichtsein nachdenken. Die Unterscheidung zwischen all diesen raubt unserem Herz nämlich die Ruhe. Buddha möchte, dass wir die Dinge durchschauen und dann loslassen. Gutes und Schlechtes werden nämlich vergehen. Wenn wir uns auf Erfreuliches konzentrieren, bringt das Freude, und wenn wir uns auf Leiden konzentrieren, bringt das Leiden. Wenn wir uns auf den Buddha konzentrieren, dann bringt das die Buddhaschaft. Wenn wir also unsere Zuflucht so nehmen, dass wir weder bei Gutem noch bei Schlechtem, Freude oder Leid verweilen, dann haben wir die Dinge durchschaut und können loslassen. Dann ist unser Herz leer.

Die Zuflucht zur Verehrung von Amitâbha bedeutet also nicht, sich an diesen Buddha zu klammern, sondern zu erfahren, dass unser Herz ohne jegliche Form, dass es leer ist. Die Zuflucht zum Buddha ist in Wirklichkeit die Zuflucht zu unserem eigenen Herzen, so dass es an seinen wahren Ort zurückkehren kann. Wenn wir so unsere Zuflucht zu Amitâbha nehmen, dann nehmen wir Zuflucht zu unserer eigenen Erleuchtung.

Die Zuflucht zur Lehre, zum Dharma bedeutet über die wahre Form aller Dinge im Licht der Weisheit zu meditieren. Die Befreiung ist erst dann möglich, wenn unser Herz nirgends mehr verweilt. In diese Meditation müssen Vergangenheit, Gegenwart und Zukunft miteinbezogen werden. Wenn wir in unserer Praxis nicht regelmäßig meditieren, werden Unwissenheit und Verstrickungen überall Funken versprühen, die sich zu einem Brand entfachen. Wenn wir jedoch nicht in der Lage sind zu meditieren, müssen wir wieder den Namen von Amitâbha sagen und unsere Zuflucht zur Verehrung des Buddha nehmen. Wenn uns aber selbst die Zuflucht zu Amitâbha nicht liegt oder wir sie aufgeben wollen, dann brauchen wir den Rat eines weisen Lehres, der uns dazu bringt, es nochmal zu versuchen.

Die Zuflucht zum *sangha* schließlich bedeutet eine reine Lebensführung, in der jede Körper- und Geisteshaltung nie etwas anderes ist als Ausdruck unseres wahren Wesens. Eine Pilgerschaft in der Gemeinschaft von anderen kann dazu von großer Hilfe sein. Eine Pilgerschaft kann unser Herz zähmen. Wenn wir es schaffen, sie in voller Konzentration auszuführen, können wir Sammlung erreichen und unseren Egoismus überwinden. Und wir können uns darüberhinaus noch für die Kraft des Bodhisattvagelübdes empfänglich machen.

Wenn wir zum Beispiel unsere Zuflucht zu Buddha Shâkyamuni nehmen, öffnen wir uns seiner Weisheit, und wenn wir den

Bodhisattva Kuan-yin anrufen, öffnen wir uns seinem Erbarmen. Eine Pilgerschaft bedeutet auch die Verehrung der wahren, formlosen Natur unseres Herzens. Wenn wir auf unserer Pilgerschaft schließlich verstehen, dass auch die drei ineinandergreifenden Räder von Verblendung, Karma und Leid leer sind, dann sind wir im Einklang mit der Dharma-Welt.

Und wenn wir in Einklang mit der Dharma-Welt sind, dann wissen wir, dass es das Reine Land des Buddha Amitâbha wirklich gibt. Es ist nämlich unser eigenes Herz. Dann verstehen wir auch, dass die Verehrung des Buddha, sei es des Buddha Amitâbha oder des Buddha Shâkyamuni, nichts anderes ist als die Verehrung der Wahrheit, die Suche nach Vereinigung von Herz und Verstand. Die Verehrung des Buddha ist nämlich keine Verehrung eines Idols, sondern die Verehrung des Buddha als Selbstnatur unseres Herzens.

Die Rezitation von Mantras

Die Rezitation eines Mantras oder einer Dhâranî ist wie die verehrende Anrufung des Buddha-Namens eine Übungsmethode, die die Erleuchtung erstrebt. Ein Mantra ist eine kurze Anreihung von Silben oder Wörtern, die den Sutras entnommen ist. Eine Dhâranî funktioniert genauso wie ein Mantra. Der einzige Unterschied besteht darin, dass eine Dhâranî eine längere Anreihung von Wörtern ist. Oder, anders ausgedrückt, eine Dhâranî ist einfach ein langes Mantra.

Das Mantra "Om mani padme hum" zum Beispiel ist das Herz-Mantra von Bodhisattva Kuan-yin. Es besteht aus sechs Silben und wird daher auch das Mantra der sechs Silben genannt. Die Dhâranî des großen Erbarmens ist das Herzmantra des Bodhisattva Kuan-yin in seiner besonderen Erscheinungsform mit tausend Armen und Augen. Sie ist sehr viel länger, denn sie besteht aus 84 Silbenreihen. Ich selbst habe seit Anfang meiner religiösen Praxis beständig die Dhâranî des großen Erbarmens rezitiert und tue das auch heute noch. Ich trage auch allen meinen Schülern auf, ganz besonders die Dhâranî des großen Erbarmens zu rezitieren, da sie bei der Entfaltung des altruistischen Geistes der Erleuchtung hilft. Und weil sie die unvergleichlich große Kraft verleiht, die Befreiung zu erreichen. Wie das?

Um es zunächst noch einmal vorwegzuschicken: Es gibt für jedes Mantra eine Erklärung, da alle Mantras den buddhistischen Texten, den Sutras, entnommen sind. Zum Beispiel beginnen das *Sûtra der Dhâranî des großen Erbarmensgeistes* und das *Herz Sûtra* mit dem Text und schließen mit dem Mantra. Der Text des Sûtras ist die Erklärung des Mantras, und die Rezitation des Mantras kann uns helfen, den Text zu verstehen. Das Mantra ist ein Same. Wenn wir es ständig rezitieren, entwickeln wir dadurch die Weisheit, den Sinn des Textes zu verstehen. Die Sutras sagen uns also, wie wir zur Erleuchtung kommen, und die Rezitation der Mantras verhilft uns zum nötigen Verständnis des Sutras. Anders ausgedrückt ist die Weisheit des ganzen langen Textes in den Silben des Mantras oder der Dhâranî konzentriert und entfaltet sich in uns in dem Maße, in dem wir uns in der Rezitation des Mantras üben.

Alle Mantras helfen uns dabei, von unseren falschen Vorstellungen frei zu werden. Die Macht des Bösen ist nämlich in Wirklichkeit unser Festhalten an diesen falschen Vorstellungen. Wenn wir jedoch mit einem Mantra üben und den Klang eines Mantras lange genug gehört haben, dann werden unser Herz und Geist nicht länger durch die Vorstellungen und die durch sie erzeugten Erscheinungen behindert. Wenn sich die Erscheinungen durch die Rezitation des Mantras auflösen, kommen wir in die Betrachtung der Leere.

Wenn wir jedoch mit der Rezitation des Mantras aufhören und um uns schauen, sehen wir wieder überall nur Existierendes. Nun fangen wir wieder an, im Geiste über das, was wir sehen, Unterscheidungen anzustellen und Gefühle und Vorstellungen zu entwickeln. Wie sollte das, was wir sehen, denn "leer" sein? Wenn wir das Mantra jedoch lang genug rezitiert und es uns so zu eigen gemacht haben, dass unser Herz das Mantra und das Mantra unser Herz ist, dann halten wir nicht weiter an den Erscheinungen und den durch sie ausgelösten Vorstellungen und Gefühlen fest. Dann lösen wir unsere karmischen Bindungen an alles Existierende auf und stellen keine neuen her. Das bedeutet, dass wir aufhören, uns selbst und anderen Probleme zu schaffen. Doch wenn wir nicht aus ganzem Herzen bei der Rezitation des Mantras sind, dann werden unsere Bindungen und Probleme weiter bestehen.

Die Dhâranî des großen Erbarmens nun enthält die barmherzige Weisheitskraft des Bodhisattvas Kuan-yin. Wenn wir uns durch die ständige Rezitation der Dhâranî diese Weisheitskraft zu eigen machen, werden wir vom Leid befreit und können auch anderen zur Befreiung verhelfen.

Die textliche Grundlage der Dhâranî ist das *Sutra der großen, vollkommenen, ungehinderten Dhâranî des großen Erbarmensgeistes des Bodhisattvas Kuan-yin mit tausend Händen und Augen,* ein Text, der im siebten Jahrhundert aus dem Sanskrit ins Chinesische übersetzt wurde. Dieser Text erklärt zunächst, dass der Bodhisattva Kuan-yin vor unzähligen Äonen die Dhâranî von einem Buddha der Vergangenheit erhalten und aus Dankbarkeit und Freude das Gelübde abgelegt hatte, tausend Arme und Augen entwickeln zu wollen, um alle Lebewesen retten zu können. Dann tritt Kuan-yin in dieser Form auf und lehrt in der Gegenwart von Buddha Shâkyamuni die Verdienste der Dhâranî. Kuan-yin sagt, dass wir, wenn wir die Dhâranî behalten und rezitieren, zum Beispiel nicht in den niederen Bereichen wiedergeboren werden, sondern immer in einem Bereich, in dem wir die Lehre des Buddha hören werden. Und, was ganz wichtig ist, dass wir den zehnfältigen Erleuchtungsgeist entwickeln werden, den ich hier kurz kommentieren möchte. Der zehnfältige Erleuchtungsgeist ist:

1) Der Geist des Großen Erbarmens. Das bedeutet, dass wir allen Lebewesen ohne Ausnahme große Barmherzigkeit entgegenbringen.

2) Der Geist des Gleichheit. Das bedeutet, dass wir alle Lebewesen als gleichwertig ansehen und uns ihrer annehmen, ohne irgendwelche Unterschiede zu machen. Dass wir bestrebt sind, ihnen allen die Lehre des Buddha näher zu bringen.

3) Der Geist des Nichterzeugens. Das bedeutet, dass wir bei allem Handeln einen Geist bewahren, der sich nicht an Äußeres verhaftet und dadurch Karma erzeugt.

4) Der Geist der Unbeflecktheit. Das bedeutet, mit einem reinen, von Verhaftungen freien Geist, allen Lebewesen zu helfen.

5) Der Geist der Betrachtung der Leere. Das ist eine Haltung, in der wir gelöst handeln, ohne äußere Resultate zu erwarten.

6) Der Geist der Hochachtung. Das bedeutet, dass wir jedes Mal, wenn wir einem Lebewesen helfen, uns bewusst sind, dass wir die Chance zu helfen genau diesem Lebewesen verdanken.

7) Der Geist der Demut. Das bedeutet das demütige Wissen, dass jeder Mensch Schwächen und Stärken hat.

8) Der Geist ohne Aufruhr, ohne Aufregung. Das bedeutet, bei jeder Handlung konzentriert zu sein.

9) Der Geist der Nichtunterscheidung. Das bedeutet, die Erscheinungen mit einem Herzen der Leere als Nicht-Erscheinungen zu sehen, und so die leidschaffenden Emotionen aufzulösen.

10) Der Geist der höchsten Erleuchtung. Das bedeutet, dass wir denselben barmherzigen Weisheitsgeist wie Kuan-yin entfalten und das Gelübde ablegen, alle Lebewesen zu retten.

Nun sagt Kuan-yin weiter, dass wir die Dhâranî in diesem Erleuchtungsgeist rezitieren sollen. Sie lautet:

namo holatanu tolayehyeh. namo woliye. poluchiehti shuopolayeh. putisatopoyeh. mohusatopoyeh. mohuchialunichiayeh. An. sapolafayi. shutanutanhsieh. namo hsichilito imengwoliyeh. poluchieti shefolalengtopo. namo nulachinchih. hsilimohupotoshamieh. sapowo tatoshapeng. woshiyün. saposato namo posato namo pochieh. mofatetou. tachihtoan. wopuluhsi. luchiati. chialuti. ihsili. mohuputisato. saposapo. molamola. mohsimoshi litoyün. chüluchülu chiehmeng. tulutulu fasheyehti. mohe fasheyehti. tolatola. tilini. shifolayeh. chelachela. momofamola. mutili. ihsi ihsi. shihnu shihnu. wolaseng folasheli. fashafasheng. folasheyeh. huluhulumola. huluhuluhsili. solasola. hsilihsili. sulusulu. putiyeh putiyeh. putoyeh putoyeh. mitiliyeh. nulachinchih. tilisenila. poyehmona. sopohe. hsitoyeh. sapohe. moho hsitoyeh.sapohe. hsitoyüi. shihpolayeh. sapohu. nulachinchih sapoho. molanula. sopohu. hsilaseng amuchiehyeh. sapohe. sapomohe ahsitoyeh. sapohe. chihchila wohsitoyeh. sapohe. potomochieh hsitoye. sapohe. nulachinchih pochiehlayeh. sapohe.mopoli shengchiehlaye. sapoho. namo helatanu tolayehyeh. namo woliyeh. poluchiehti shuopolayeh sapohu. an hsitientu. mantola. pomoyeh. sopohu.

(Ich nehme meine Zuflucht zu den drei Juwelen. Ich nehme meine Zuflucht zum heiligen Avalokiteshvara[11], dem Bodhisattva Mahâsattva, dem großen Erbarmenden, Om, dem Retter aus aller Gefahr. Zu ihm nehme ich meine Zuflucht und will rezitieren jene Mantraessenz der erhabenen Avalokiteshvara-Natur, die blauhalsig Genannte[12], allen Sinn Vollendende, Strahlende, von allen Dämonen Unbesiegbare, den Weg der Existenz Läuternde. Nämlich: Om, du Strahlender, du die Welt überschritten Habender, oh, oh, Löwe, Mahâbodhisattva, Bodhisattva, behalte, behalte, mache, mache das Werk der Mantraessenz, erhalte, erhalte, Sieger, großer Sieger, bewahre, bewahre, Herr über den Herrn der Erde, bewege, bewege, unbefleckt Reiner, komm, komm, Herr der Welt, nimm die Unreinheit hinweg, Heil dir Lotusnabel -[Geborenem], fließ herbei, fließ herbei, erscheine, erscheine, dringe ein, dringe ein, gib Erwachen gib Erwachen, lass erwachen, lass

erwachen, Erbarmungsvoller, Blauhalsiger, Heil dem Vollbringenden, Heil dem großen Vollbringenden, Heil dem souveränen Vollbringer des Yoga, Heil dem Blauhalsigen, Heil dem großen, alles Vollbringenden, Heil dem mit dem Rad Unterjochenden. Ich nehme meine Zuflucht zu den drei Juwelen, ich nehme meine Zuflucht zum heiligen Avalokiteshvara. Heil dem Vollbringer, Heil den Silben des Mantras.)

Die in den Klammern angegebene Bedeutung des ursprünglichen Sanskrit-Textes der Dhâranî ist zwar von den Forschern rekonstruiert worden, aber für die Rezitation nicht wichtig. Wir sollen bei der Rezitation ja nicht über den Sinn des Textes nachdenken, sondern mit dem Klang der Dhâranî ganz verschmelzen, so dass wir von nichts mehr abgelenkt werden und die Kraft unseres Erleuchtungsgeistes ganz entfalten können. Dass wir den Erleuchtungsgeist wirklich durch die Dhâranî entfalten können, ist durch das barmherzige Gelübde Kuan-yins garantiert. Der Text spricht ausdrücklich davon, dass alle Wesen, die noch nicht im Mahâyâna-Buddhismus verwurzelt sind, durch die Dhâranî Wurzeln fassen und im Glauben wachsen werden. Und dass alle, die den Erleuchtungsgeist noch nicht entfaltet haben, dies durch die ständige Übung der Dhâranî schnell erreichen werden. Er warnt aber auch davor, dass wir ohne den Glauben an die Wirkung der Dhâranî überhaupt nichts erreichen werden.

Was ist nun unter der "ständigen Übung der Dhâranî" zu verstehen? Wenn es möglich ist, sollten wir sie am besten einhundertundachtmal am Tag rezitieren. Wenn das nicht geht, dann sollten wir es neunundvierzigmal, oder mindestens einundzwanzigmal jeden Tag tun. Wichtig ist dabei, dass wir am Ende unserer Übung den Verdienst der Rezitation auf andere übertragen. Das Gebet dazu lautet:

Ich bitte, dass die Tugendkraft dieser Rezitation
auf alle übertragen werde,
damit ich zusammen mit allen Wesen
den Weg zur Buddhaschaft vollenden kann

Die ständige Rezitation der Dhâranî des großen Erbarmens befreit unser Herz von allen Bindungen und lässt es an seinen Ursprungsort zurückkehren. Sie hat nämlich nur einen Ton als Grundlage, auf den sie ohne die geringste Änderung immer wieder zurückkommt. Wenn wir die Dhâranî entweder mit der Stimme oder nur im Herzen lange genug rezitiert haben, beruhigt sich unser aufgerührtes Herz und kehrt an seine Quelle zurück.

Die Dhâranî verkörpert die volle Weisheit Kuan-yins, die alle Samen und Funktionen der Leere in die Erleuchtung aller Lebewesen verwandeln kann. Wenn wir also Kuan-yin aufrichtig mit unserem Gebet der Verdienstübertragung um die Erleuchtung aller Wesen bitten, dann wird dieses Gebet mit Sicherheit erhört werden. Die Bedeutung von Kuan-yin ist nämlich, "an tausenden Orten gerufen, an tausenden Orten erscheinen." Durch unser Gebet wird Kuan-yin an tausenden Orten die Samen der Leere, nämlich den Erleuchtungsgeist, pflanzen, und durch seine Funktion, in allem Seienden die Leere zu erkennen, an tausenden Orten die Wesen zur Erleuchtung bringen.

Warum also ist die Kraft der Dhâranî des großen Erbarmens so unvergleichlich groß? Ist es nicht so, dass unsere Mutter eine große Kraft auf uns ausübt? In der ganzen Welt ist die Kraft der Mütter am größten, und das aufgrund von Liebe und Barmherzigkeit. Die Kraft von Bodhisattva Kuan-yin ist genau aus demselben Grund so besonders groß, nämlich aufgrund des Geistes der Liebe und Barmherzigkeit. Alle teuflischen Mächte fürchten nichts mehr als Liebe und Barmherzigkeit. Nun ist jede einzelne Silbe der Dhâranî des großen Erbarmens voll der barmherzigen Gelübdekraft Kuan-yins. Daher ist ihre Kraft so unvergleichlich. Wenn unsere Lebensumstände nicht glücklich sind oder wir uns in Gefahr befinden, in unserer Praxis stecken zu bleiben, müssen wir daher umso mehr die Dhâranî des großen Erbarmens rezitieren.

Meditation

Warum werden wir zur Übung des Ch'an aufgefordert? Damit wir die Dinge richtig begreifen. Wenn wir ständig weiterüben, bis wir auf den Wesenskern der Dinge kommen, dann begreifen wir richtig. Ohne richtig zu begreifen kommen wir leicht vom Weg ab und verirren uns in Problemen und Sorgen. Das Ch'an ist eine Übung, die auf einem Prinzip beruht. Wenn wir das Prinzip nicht verstehen, können wir unmöglich weiterkommen. Ch'an ist die Einübung in das Prinzip. Machen wir uns daher zu allererst mit dem Prinzip, mit den Konzepten, die es ausdrücken, vertraut. Dadurch finden wir einen geistigen Weg und eine schwerpunktmäßige Richtung für unsere Übung. Haben wir das Prinzip verstanden, können wir es vollkommen in die Praxis umsetzen.

Was ist nun das Prinzip? Das Prinzip besagt, dass der Wesenskern aller Phänomene Leere ist, und dass unser Geist daher frei von Anhaftungen und Gedanken sein kann. Ch'an bejaht die Natur unseres Geistes und Herzens. Geben wir uns daher jede erdenkliche Mühe, sie vom Konzept der Leere her zu untersuchen und zu verstehen. Ch'an ist das grundlegende Prinzip und die Meditationsübung ist das Erforschen. Ch'an-Meditation bedeutet also die Erforschung des grundlegenden Prinzips.

Nun stellt sich zunächst noch die Frage nach der Beziehung zwischen Ch'an und dem Buddha. Sie hat folgende Bedeutung: Ch'an ist der Buddha und der Buddha ist Ch'an. Beide sind der Kern der Erleuchtung. Der Kern des Ch'an ist frei von jeglichem karmaerzeugenden Tun. Die Praxis des Ch'an besteht darin, in allem Tun die Weisheit der Leere (*prajnâ*) zum Ausdruck kommen zu lassen. Aus der Leere heraus sind alle unsere Handlungen sublim.

Der Buddha pflückte eine Blume und lächelte. Damit brachte er die Weisheit der Leere zum Ausdruck. "Ich habe das wunderbare Herz des Nirvâna." Das ist die Grundlehre des Buddhismus. Ohne sie gibt es keinen Buddhismus. Wenn wir den Geist des

Ch'an bis zu seinem Ursprung verfolgen, finden wir den Geist der Weisheit (*prajnâ*), das Konzept der Weisheit, und das Leben durch Weisheit. Für gewöhnlich ist unser Gehirn jedoch voll von allen möglichen Vorstellungen und Begriffen, auch was das Konzept von Buddha oder Ch'an betrifft. Wenn wir so üben, dass wir begreifen, ohne Begriffe zu haben, dann ist das Weisheit.

Die Schule des Ch'an nun erfasst das Prinzip der Leere, und wendet es ganz systematisch an. Sie benützt die Meditation, um alle Phänomene, alle Vorstellungen von einem Ich und alle dadurch bedingten Erscheinungen näher zu rücken. Sie macht diese Meditation zur ständigen Ausrichtung unseres Denkens. Mit jedem Stückchen Verwirrung, das wir auflösen können, kommen wir der Erleuchtung ein Stückchen näher. Wenn wir durch die Meditation alle Zweifel und Wirrnisse bis ins Letzte auflösen können, kommen wir durch den Zweifel zur Erleuchtung. Einer großen Befreiung geht immer eine große Verwirrung voraus, aber wenn wir die Befreiung erst einmal erreicht haben, haben wir alle Last abgelegt. Wenn unser Denken also aufgrund der Meditation alles durchdringen kann, ist das die Erleuchtung. Wenn es jedoch in etwas stecken bleibt, wird uns das zum Hindernis. Ein Hindernis bedeutet, dass wir uns in den Dingen und Ereignissen verlieren und keinen Ausweg mehr finden. Der Grund aller Spannungen und Konflikte ist eine Blockierung des Denkens. Wir üben uns im Ch'an, weil unser Denken blockiert ist. Wenn unser Denken jedoch alles frei durchdringen kann, können wir Dinge und Ereignisse wieder in Ordnung bringen. Dann können sie uns nicht mehr zum Hindernis werden.

Wenn wir erleuchtet sind, können wir alles durchschauen und loslassen. Auch das ist die Bedeutung von Ch'an – Loslassen. Wenn wir nicht erleuchtet sind, klammern wir uns an allem fest. Wenn wir nicht loslassen können, müssen wir gut darüber nachdenken, warum wir es nicht schaffen. Denken wir also so lange darüber nach, bis wir der Sache auf den Grund kommen.

Wenn wir die Ch'an-Meditation betreiben, müssen wir also als erstes darauf achten, dass unser Geist nicht ständig voll von Konflikten und Widersprüchen ist. Wir meditieren dann richtig, wenn sich unser Geist von den Erscheinungen befreien kann. Unser Geist kann sich dann von den Erscheinungen befreien, wenn er gesammelt ist. Was bedeutet nun die Sammlung (*samâdhi*)?

Die rechte Art der Sammlung ist die Hauptsache in der Ch'an-Meditation. Die rechte Sammlung ist das achte und letzte Glied des achtfachen Pfades des rechten Verhaltens, den der Buddha gelehrt hat. Es gibt unterschiedliche Stufen und Arten der Sammlung. Diese sind jedoch nur Gefühlszustände, die wir entwickeln, nicht aber die rechte Sammlung.

Die rechte Sammlung in der Meditation bedeutet, Herz und Geist auf einen Punkt zu konzentrieren, so dass sie an nichts Äußerem mehr festhalten, still und wunschlos werden. Das ist nämlich der ursprüngliche Zustand unseres Herzens und Geistes – die unerschütterliche Sammlung des Ch'an. Dieser Zustand hat die Bezeichnung "das Herz ist Buddha".

Die Sammlung löst sich jedoch auf, wenn wir durch äußere Dinge abgelenkt werden. Wir sind dann abgelenkt, wenn wir alle möglichen, nicht auf einen Punkt zu bringenden, falschen Vorstellungen haben. Wir müssen verstehen, dass auch unser Denken falsch und vergeblich ist, weil sich alle Vorstellungen letztendlich als leer erweisen. Unser Geist soll sich in der Meditation von allen falschen Gedanken und Verhaftungen lösen, ohne bei ihnen zu verweilen oder ihnen Beachtung zu schenken. "Nicht Verweilen" ist das Gegenteil von "Verweilen". Es bedeutet jedoch nicht, dass wir dabei in ein tiefes schwarzes Loch fallen. Wenn unser Geist konzentriert und unser Herz vernünftig ist, so dass sie von nichts mehr gestört werden, dann haben wir den Zustand des "Nicht-Verweilens" erreicht.

Der Zustand des Nicht-Verweilens bedeutet Konzentration. Diese Art der Konzentration erreichen wir dann, wenn wir nicht weiter der Vergangenheit anhängen, nichts in der Zukunft erstreben und die Gegenwart nicht für die Wirklichkeit halten. In diesem Zustand bringen wir Herz und Geist so unter Kontrolle, dass sie alle Erscheinungen hinter sich lassen.

Das Ziel der Sammlung in der Meditation ist es also, unseren Geist so zu zähmen, dass er, wenn er die Erscheinungen losgelassen hat, in die Wirklichkeit eintauchen kann, und somit jeder Gedanke zum Gedanken der Erleuchtung werden kann. Denn ohne Erleuchtung gibt es nur die Wiedergeburt.

Zur Sammlung muss man nicht unbedingt in Meditationshaltung sitzen, sondern es geht in jeder Körperhaltung, also auch im Gehen, Stehen, Sitzen und Liegen. Die Meditation im Gehen zum Beispiel ist eine spirituelle Praxis, die auf die Zeit des Buddha zurückgeht. Die Meditation im Gehen bedeutet ein Spaziergang in Einsamkeit. Es ist eine der Übungen, die den denkenden Geist in richtige Bahnen lenkt und in die Wirklichkeit eintauchen lässt. Auf dem Spaziergang ist Plaudern nicht erlaubt, wir sollten dabei allein sein. Wir müssen uns wirklich die Zeit allein nehmen. Dann können wir auf unserem Spaziergang Fragen bezüglich der Lehre des Buddha betrachten und dabei Geist und Herz ganz von selbst in tiefe Berührung mit der Natur kommen lassen. Die Erfahrung der freien Natur hilft uns bei der Suche nach und dem Finden von Wahrheit. Sie hilft uns, Weisheit zu entwickeln. Wenn unser Geist dagegen den ganzen Tag schläfrig ist, dann ist es schwierig, alle Gedanken unter klare Kontrolle zu bekommen.

So wie die Meditation im Gehen trainiert auch die Meditation im Sitzen unseren Geist. In der sitzenden Ch'an-Meditation bedeutet "Sitzen" die Schau unserer ursprünglichen Natur und "Ch'an" das Aufgeben aller falschen Vorstellungen. Diese Form der Meditation ist eine Übung, die wir ohne Bewegung, im Stillsitzen ausüben. Sie kann unseren Gesundheitszustand verbessern, verbraucht aber wie jede andere Form körperlicher Übung sehr viel Energie. Dass Anfänger in der Meditation oft ermüden, hängt mit dem Stoffwechsel zusammen. Im Sitzen absorbiert der Körper die Nahrungsstoffe und verbraucht Kalorien. Wir sitzen dann am besten, wenn wir Zeit haben, ausgeruht und nicht abgelenkt sind. Fangen wir dagegen mit der Meditation in einem müden und geistig erschöpften Zustand an, dann wird sie uns noch mehr erschöpfen. Wenn wir jedoch die Energie, die wir gewöhnlich auf äußere Dinge verschwenden, in der Meditation anwenden, dann können wir dadurch unsere innere Kraft und unseren Geist so stärken, dass wir auch bei zunehmendem Alter noch geschmeidig und beweglich bleiben und unser Geist nichts an Schärfe verliert.

Wenn wir also in der Meditation schläfrig werden, müssen wir darauf achten, ob unser Körper oder unser Geist müde ist, und dann dagegen angehen. Zur Meditation brauchen wir Ausdauer. Das bedeutet, dass wir regelmäßig sitzen müssen. Andernfalls machen wir Rückschritte. Es ist ein guter Anfang, es mit einer halben Stunde am Tag zu probieren und diese Zeit dann langsam auszudehnen. Wenn wir vier Stunden am Tag sitzen können, dann ist das schon sehr gut. Wenn uns dabei die Schmerzen in den Beinen immer noch sehr stören, dann bedeutet das, dass wir Theorie und Praxis noch nicht voll integriert haben. Wenn wir denken, dass wir die Theorie, nämlich das Prinzip der Leere, verstanden haben, und dennoch in unserer Übung durch die Schmerzen in den Beinen zu sehr abgelenkt sind, dann fehlt es unserer Betrachtung der Leere noch an Kraft.

Die Leere, die wir uns nur geistig vorstellen, ist nämlich nicht die wirkliche Leere, sondern nur ein Konzept. Wenn wir uns im Ch'an üben, dann versuchen wir die Leere in unseren täglichen Aktivitäten zu begreifen, das heißt realisieren zu lernen, und das Sitzen in Meditation ist eine von ihnen. Wenn wir in allen unseren täglichen Aktivitäten die rechte Achtsamkeit entwickeln können, dann hört unsere Übung auch nicht im Schlafen auf. Warum nicht? Weil unser Herz und Geist die Übung von selbst fortsetzen.

Wenn wir aber in unserem täglichen Leben nicht Achtsamkeit, sondern Nachlässigkeit walten lassen, dann machen wir Rückschritte. Mit Nachlässigkeit schaden wir uns selbst und anderen. Genauso ist es mit der Willkür. Willkür ist eine Ch'an-Krankheit, die manche Übende nach einer gewissen Zeit entwikkeln. Sie sehen alles nur noch als Leere an und glauben, dass sie jenseits von Gut und Böse sind. Dabei merken sie nicht, dass sie sich mitten in tiefster Verwirrung befinden. Wenn uns die Willkür zur angestammten Gewohnheit wird, werden wir den Sinn für die Wirklichkeit immer mehr verlieren und damit uns selbst und anderen schaden. Der wahre Buddhismus ist niemals darauf aus, den Wesen zu schaden, sondern will sie alle zur Erfüllung bringen. Wir müssen daher mit äußerster Vorsicht und Aufmerksamkeit vorgehen. Wenn sich Nachlässigkeit und Willkür erst einmal in unserem Herzen und Geist ausbreiten und als Gewohnheit festsetzen, prägen sie auch unser Verhalten. Es wird dann unverantwortlich und ausschweifend und beschert uns dadurch mit Sicherheit die Wiedergeburt.

Achtsamkeit und Sammlung im täglichen Leben bewahren uns dagegen nicht nur davor, schlechte Gewohnheiten zu entwickeln, sondern können uns auch befreien von angestammten Gewohnheiten wie z. B. in Schönheit vernarrt zu sein, Trinksucht, Richten über Gut und Böse usw.

Ohne Anleitung durch einen Lehrer ist es jedoch nicht leicht, für längere Zeit zu meditieren. In der Ch'an-Schule ist daher der Meister sehr wichtig. Wir müssen viele Jahre unter der Führung des Meisters praktizieren, weil er uns hilft, im täglichen Leben immer wieder auf unseren innersten Kern zurückzukommen. Wir müssen erfahren und lernen, wie der Meister im täglichen Leben die Übung der Weisheit, die Praxis des Nicht-Verweilens und die Praxis des Nicht-Denkens ausübt. Dann müssen wir uns selbst überprüfen, wo unsere eigene Praxis noch Lücken aufweist, wo Theorie und Praxis noch nicht eins sind. Gleichzeitig müssen wir uns jedoch davor hüten, das Verhalten eines bestimmten Meisters einseitig zum Maßstab für alle zu nehmen.

In der Meditation können auch physische Erscheinungen auftreten. Ohne einen erfahrenen Lehrer wissen wir nicht, wie wir damit umgehen sollen. Zum Beispiel sind bunte Lichterscheinungen, die während der Meditation auftreten, nur eine Art von Täuschung. Wir brauchen uns weder über sie zu wundern noch an ihnen festzuhalten. Mit der Zeit werden sie sich ganz von selbst wieder auflösen. Wenn wir aber diese und andere Erscheinungen für echt halten und daran festhalten, lassen wir uns auf Teufelsspiel ein. Dann besteht die Gefahr, dass wir überheblich werden und uns selbst für ganz besonders und vollkommen halten. Wir machen bei der Meditation leichter Fortschritte, wenn wir dabei keine physischen Reaktionen anstreben. In der Meditation sollten alle Gedanken auf Befreiung ausgerichtet sein.

Wir sollten uns bei der Meditation auch nicht mit solchen Einstufungen wie zum Beispeil den vier Stufen des Ch'an oder den acht Graden der Meditationsversenkung befassen. Die erste Stufe bedeutet, dass wir noch nicht weiter als zur ersten Stufe gekommen sind, die zweite Stufe bedeutet, dass wir noch nicht weiter als zur zweiten Stufe gekommen sind. Wenn wir durch unsere Übung wirklich ans Ziel gelangt sind, dann gibt es keine erste oder zweite Stufe mehr, von denen man sprechen könnte.

Abschließend wollen wir uns zur Meditation zwei Dinge merken. Erstens: Egal wie lange und wo wir meditieren – zu Hause, in einem Ch'an-Tempel oder auf einem Friedhof –, unser Herz muss bei der Meditation die richtige Absicht haben. Ist sie rein, sind alle dharmas rein, ist sie nicht rein, sind alle dharmas unrein. Und zweitens: Meditation ohne Einübung in Weisheit schafft Verblendung.

Das Studium der Sutras

Wir müssen an das Studium des Buddhismus mit Entschlossenheit herangehen und das, was wir gelernt haben, an der Wirklichkeit überprüfen. Die Sutras sind die Grundlage für Studium und Praxis des Buddhismus. Sie erläutern das Gesetz der kausalen Beziehungen, so dass wir Ursache, Wirkung und Leere verstehen können. Sie lehren uns, jede Veränderung und die hieraus entstehenden Konsequenzen dazu zu nutzen, über die Natur des Herzens und Geistes zu meditieren. Sie geben uns also eine Methode des Experimentierens. Wenn wir unser Experiment anhand dieser Methode durchführen, können wir die Erleuchtung erreichen.

Wenn unser Herz voll blinder Leidenschaften ist, dann hilft uns das Lesen der Sutras. Und wenn unser Geist voll komplizierter Gedanken ist, dann hilft uns die Rezitation der in den Sutras enthaltenen Mantras. Das Lesen der Sutras stärkt unsere Betrachtungskraft und hilft uns, die Lehre des Buddha an allem und jedem zu überprüfen und unter Beweis zu stellen. Wenn unser Lesen der Sutras jedoch lediglich daraus besteht, dass wir alles Mögliche im Kopf hin und her wälzen, dann sind wir der Erleuchtung noch fern. Entwickeln wir beim Lesen der Sutras dagegen einen Geist, der keine Unterscheidungen mehr macht, dann üben wir uns in Konzentration. Und durch Übung in Konzentration erreichen wir das Verständnis der Buddha-Natur. Erst wenn wir die Buddha-Natur verstehen, können wir unsere Probleme vollständig lösen. Daher erklären alle Sutras sowohl die Leere als auch die Buddha-Natur.

Was ist die Buddha-Natur? Sie ist die geistig erwachte Natur, die weder die bedingten Daseinsfaktoren (dharmas) des Entstehens und Vergehens gebiert noch die unbedingten Daseinsfaktoren des Nichtentstehens, des Nirvânas, zersetzt. Die Buddha-Natur gebiert nicht und ist ungeboren. Sie zersetzt nicht und ist unzerstörbar. Jedes Ding durchläuft einen Kreislauf des Entstehens, Bestehens, und Vergehens. Was entsteht, wird vergehen, was zusammengesetzt ist, wird zerfallen. Nicht so die Buddha-Natur. Sie gehört nicht zum Bereich der Phänomene, denn sie ist Raum und Zeit nicht unterworfen. Wenn unser Herz in Einklang mit der Buddha-Natur ist, dann enthält es alle Sutras. Wenn es mit der Buddha-Natur nicht in Einklang ist, dann ist sogar ein Sutra nichts anderes als eine Sammlung von Ungereimtheiten.

Wenn wir jedoch in der Erleuchtung die Buddha-Natur voll und ganz realisieren, dann können wir die Sutras beiseitelegen. Dann ist jedes Wort, das wir sprechen, ein Sutra.

VII.

Das Tor zur Leere öffnen

Das menschliche Bewusstsein kann alle möglichen Erscheinungen und Ausdrucksformen erzeugen. Ohne Bewusstsein könnte nichts ausgedrückt werden. Das Bewusstsein kann viele Eindrücke aufnehmen und sich dadurch, dass es beweglich ist, ausdrücken und Veränderungen erzeugen.

Das Bewusstsein ist die Wurzel der Verwirrung und die Wurzel der Erleuchtung. Alle Phänomene kommen von Halluzinationen des Bewusstseins, von falschen Vorstellungen. Wenn wir zum Beispiel Eis sehen, denken wir nicht daran, dass es in Wirklichkeit Wasser ist. Wenn wir uns aber dessen bewusst sind, dass die Eigenschaft aller kausal bedingten Phänomene Leere ist, dann haben wir keine falschen Vorstellungen mehr. Wenn wir die Phänomene nicht durchschauen können, werden sie uns zu Hindernissen. Wenn wir dagegen die Leere verstehen, gibt es keine Hindernisse mehr. Wenn wir das Prinzip verstehen, gibt es auch theoretisch keine Hindernisse mehr, und wenn wir das Prinzip in die Praxis umsetzen können, dann gibt es auch keine praktischen Hindernisse mehr. Sind alle Hindernisse so beiseitegeräumt, dann können wir die Leere in allem sehen.

Das ist keine blinde Übung, sondern die Verwandlung von Wissen in Weisheit. Wir müssen ganz und gar in die Leere eintreten, um diese Verwandlung bewirken zu können. Brechen wir daher das Bewusstsein der Dinge durch das Bewusstsein der Leere. Denken wir daran, dass das Bewusstsein die Wurzel der Verwirrung und die Wurzel der Erleuchtung ist. Dass es Dämonenkinder und deren Kindeskinder gebiert, und dass es die Erleuchtung gebiert. Der Unterschied zwischen beiden ist lediglich ein gradueller Unterschied in der Weisheitsübung.

Alles, was sich ereignet und existiert, ist im Grunde genommen Same der Weisheit. Fragen wir uns daher, warum wir immer noch so viele Probleme haben. Unsere Probleme werden dadurch erzeugt, dass wir an unseren Halluzinationen, an unseren falschen Vorstellungen festhalten. Es ist z. B. eine falsche Vorstellung zu glauben, dass Glück und Leid wirklich existieren. In Wirklichkeit steckt im Glück Leid und im Leid Glück. Glück und Leid bedingen sich gegenseitig und lösen sich ständig ab.

Nun fragen wir uns "Warum gibt es Glück und woher kommt es?" Nun, es gibt das Glück, weil es das Leid gibt. Ohne Glück kein Leid. Der Grund für das Glück liegt im Leid, und reines Glück ohne Leid wird es nie geben. Wie gesagt, Glück und Leid hängen voneinander ab, bedingen sich gegenseitig.

Der Buddhismus lehrt uns, Glück und Leid aufzugeben. Aufgeben bedeutet nicht, nichts mehr tun zu wollen, sondern im Fluss des Wandels unverwandelt zu bleiben. Dies bedeutet, dass unser Herz und Geist in jeder Situation, egal ob sie für uns freundlich oder feindlich, gut oder übel ist, unverwandelt und unbeeinflussbar bleiben. Wenn wir das Denken in solchen Gegensätzen wie "Freund-Feind, gut-schlecht, Leid-Glück" aufgeben können, wird unser Herz ausgeglichen sein. Durch Ausgeglichenheit wird unsere Welt harmonisch. Ohne Ausgeglichenheit ist sie unzufrieden, unausgeglichen, unvernünftig.

Eine erste Ursache erzeugt zusammengesetzte Phänomene, und diese erste Ursache ist in unserem Herz und Geist zu finden. Der Zündstoff für die Probleme, die wir mit unserem Bewusstsein schaffen, ist das Herz. Der Zündstoff für Ursache und Wirkung ist wiederum das Herz. Das Herz ist aber ebenso die Quelle der Kraft, nämlich der Kraft, Glück und Leid zu erkennen, die Unbeständigkeit und Widersprüchlichkeit der Welt zu durchschauen, ist die Quelle der Kraft, die uns zur Erleuchtung führt und die ewige Wahrheit schauen lässt.

Das Menschenleben ist ein Traumgebilde, ein Luftschloss. Wir wissen nicht, wann sich dieses Luftschloss wieder in nichts auflösen wird. Das ist die ganze Wirklichkeit: Der Körper ist wie eine Anhäufung von Seifenblasen, das Herz ist wie der Wind. Das Herz dreht und wendet sich ohne Unterlass. Daher kommt das Leiden. Leiden ist, die Wirklichkeit nicht zu verstehen. Verstehen wir sie, dann können wir loslassen.

Unser Herz erzeugt normalerweise ständig Raum, damit wir Platz zum Leben und Bewegen haben. Wenn es jedoch nicht erleuchtet ist, kann es diesen Raum nicht schaffen. Je enger das Herz, desto begrenzter der Raum. Je mehr Geld wir z. B. haben, desto blockierter ist unser Herz. Es ist durch das Phänomen Geld so verschlossen, dass nichts mehr herauskommt. Der Buddha hat für uns das Tor der Leere aufgeschlossen, damit wir hindurchgehen und unseren Lebensraum erweitern können. Öffnen wir uns daher. Hören wir auf, an unseren Illusionen festzuhalten. Dann können wir das Tor der Leere aufschließen und ein wirklich freies Leben führen.

Wie kann das Tor der Leere geöffnet werden? Fangen wir allmählich damit an, alle Dinge daraufhin zu untersuchen, ob sie leer sind oder nicht. Wenn wir uns dessen sicher sind und das Verfahren solange fortsetzen, bis es nicht weitergeht, dann erlangen wir vollkommene, allgegenwärtige, wirkliche Leere. Solange wir uns aber nicht sicher sind, ist es nur eine illusionäre, unwirkliche Leere.

Dies ist eine Frage der Erkenntnis. Die Größe unseres Lebensspielraumes hängt vom Grad der Erkenntnis ab. Ohne Erkenntnis ist die Reichweite unseres Wissens begrenzt und unser Lebensspielraum eng. Wir leben jeden Tag in einer Welt der Angst. Wie können wir darin diese Zusammenhänge verstehen?

Indem wir den Buddhismus studieren. Das Studium des Buddhismus erweitert unseren Lebensspielraum ständig. Die Lehre des Buddha ist der wirkliche Schatz im Leben. Geld und Ruhm sind nur augenblickliche Illusionen, die sich sehr schnell in nichts auflösen. Wenn wir diese Methode der Befreiung verstehen, dann verstehen wir folgendes: Gewinn und Verlust gibt es nur, weil sie Teil des Raumes sind. Was wir erstreben oder vermeiden wollen ist daher gleich: Gewinn und Verlust sind beide ihrer Natur nach leer. Dieser unbegrenzte Raum ist keine Erfindung, sondern Wirklichkeit.

Nehmen wir ein Haus als Beispiel. Wenn es sehr geräumig ist, können wir vieles darin unterbringen. Ist es nicht geräumig, passt nichts hinein. Wir müssen daher verstehen, was die Leere ist. *Die Leere ist die einzige Wirklichkeit in unserem Leben.* Verstehen wir diese Antwort, dann finden wir wahres Glück und vollkommene Freiheit. Dann sind wir in der Hölle genauso frei wie im Himmel – so groß ist unser Bewegungsraum! Nichts blockiert uns mehr den Weg.

Das Verständnis des Buddhismus ist eine große Freude. Ohne es werden wir jeden Tag von unserem verblendeten Herzen und Geist so bedrängt, dass wir bald daran ersticken. Das Verständnis des Buddhismus öffnet unser Herz und unseren Geist. Dadurch wird unser Leben optimistisch, nicht stumpf und düster wie bisher. Warum fühlen wir uns oft unwohl? Weil unser Herz und Geist sich unwohl fühlen. Der Buddhismus lehrt uns, Herz und Geist zu öffnen und unsere Sinne nicht mehr durch die Erscheinungen zum Narren halten zu lassen. Wenden wir uns vielmehr nach innen und öffnen wir uns der Leere. Öffnen wir uns nicht den äußeren Dingen, denn die sind es gerade, die unsere Sinne gefangen halten.

Die Kraft von Herz und Geist ist gewaltig. In Zeiten der Verwirrung wirkt sich diese Kraft jedoch nur als Habsucht, Hass und Dummheit aus. Habsucht – manche Menschen können so habsüchtig sein, dass sie das ganze Universum haben wollen. Hass –

manche sind so voller Hass, dass sie sogar das Universum zerstören wollen. Und Dummheit – das ist absolute Verwirrung. In der Erleuchtung können wir von aller Habsucht, allem Hass und aller Dummheit ganz befreit werden. Das Herz kann alles leer machen – und es kann alles verändern. Daher heißt es: "Wer die ganze Wahrheit des Buddhismus verstehen will, muss sehen, dass jede Natur, dass alles vom Herz und Geist erzeugt wird." Jemand, der die Befreiung erlangt hat und alle Lebewesen retten will, hat diese Art von Geistesfrieden.

VIII.

Kommentar zum Herz-Sutra

Der Text des *Herz Sûtras*

Avalokiteshvara Bodhisattva,
tief in die Übung von Prajnâ-Pâramitâ (vollendete Weisheit) versunken,
betrachtete die Leere der fünf Gruppen (skandhas)
und war von allem Kummer und Leid befreit.
Sâriputra, Form ist nichts anderes als Leere
und Leere nichts anderes als Form.
Was Leere ist, ist Form,
was Form ist, ist Leere.
Genauso verhält es sich mit Empfindungen, Wahrnehmungen,
Geistesregungen und Bewusstsein.
Sâriputra! Alles, was ist, ist Ausdruck der Leere,
nicht entstanden, nicht vergangen, nicht befleckt und nicht rein,
ohne Gewinn und ohne Verlust.
Daher ist in der Leere nicht Form,
noch Empfindung, Wahrnehmung, Geistesregung oder Bewusstsein,
nicht Auge, Ohr, Nase, Zunge, Körper, Geist;
nichts zu sehen, hören, riechen, schmecken, fühlen, denken;
kein Bereich des Sehens und so weiter,
kein Bereich des Bewusstseins;
nicht Unwissenheit und nicht Ende der Unwissenheit;
nicht Alter und Tod, nicht Ende von Alter und Tod.
Da gibt es kein Leid, kein Entstehen oder Vergehen von Leid,

keinen Weg, keine Weisheit, kein Erlangen
und nichts zu erlangen.
Der Bodhisattva lebt aus Prajnâ-Pâramitâ,
ohne Behinderung des Geistes.
Ungehindert, daher ohne Furcht und frei von allen Täuschungen.
Vollkommenes Nirvana ist hier.
Alle Buddhas der Vergangenheit, Gegenwart und Zukunft
leben aus Prajnâ-Pâramitâ und erlangen die höchste,
vollkommene Erleuchtung.

Wisse daher: Prajnâ-Pâramitâ ist das große Mantra, das strahlende Mantra, das höchste Mantra, das unvergleichliche Mantra, das alles Leid auflöst.

Dies ist wahr, nicht falsch.

Daher verkünde dieses Prajnâ-Pâramitâ Mantra, verkünde das Mantra und sage: "gate, gate, pâragate, pârasamgate, bodhi svâhâ."

* * *

Das *Herz Sûtra* ist ein Weg für den Übenden des spirituellen Weges, ein Bezugsrahmen für sein Denken und Verhalten. Der Verstand beruht auf Weisheit. Die Begierden bringen uns jedoch um den Verstand.

Was ist Prajnâ-Pâramitâ? Prajnâ bedeutet Weisheit. Weisheit geht den Dingen auf den Grund, ist frei von leidschaffenden Emotionen und Problemen. Wo doch noch Emotionen und Probleme auftreten, löst die Weisheit sie auf.

Wenn die Dinge uns täuschen und verwirren, müssen wir sie mit Prajnâ betrachten und dann gründlichst mit der Prajnâ-Praxis an sie herangehen. Nur so können wir sehen, dass die fünf Gruppen leer sind, dass alle Erscheinungen leer sind. Mit anderen Worten, Weisheit bedeutet das Begreifen der Leere. Sie realisiert bei jedem Ausdruck der kausalen Beziehungen, dass "der Körper wie Seifenblasen, der Geist wie Wind" ist, und dass "alles Vorgespiegelte weder Basis noch Wirklichkeit" hat. Und somit wendet sie sich direkt und furchtlos Leben und Tod zu.

"Avalokiteshvara" (chin. Kuan tzu-tsai) bedeutet wörtlich "Dessen Blick (*kuan*) ungehindert (*tzu-tsai*) ist". Der Bodhisattva mahnt uns, ständig die Leere zu betrachten. Er sagt uns im Sutra, dass wir zuerst verstehen müssen, dass die fünf Gruppen leer sind. Als nächstes müssen wir wissen, dass Form und Leere eins sind, und dass Augen, Ohren, Nase, Zunge, Körper und Bewusstsein im Grunde nichtig sind. Drittens müssen wir verstehen, dass es keine Unwissenheit und kein Ende der Unwissenheit gibt, und auch dass es kein Altern und Tod und kein Ende von Altern und Tod gibt. Am Schluss lernen wir dann, dass vollkommenes Nirvâna und vollkommene Erleuchtung aus dieser Prajnâ Pâramitâ geboren werden. Und dass all dieses wahr und ohne Falsches ist.

Der Inhalt des *Herz Sûtra* erschließt sich nicht einem Geist, der voll von äußeren Erscheinungen ist. Das *Herz Sûtra* sagt uns, dass unser Bewusstsein im Grunde leer und nichtig ist. Die Erscheinungen existieren nur aufgrund des Teils des Bewusstseins, das Unterscheidungen anstellt und sich dann an sie klammert. Haben wir aber die Natur der Leere verstanden, gelangen wir in den vollkommenen Besitz der ungehinderten Befreiungskraft.

"Kein Bereich des Sehens" bedeutet der gegenstandslose Bereich reiner geistiger Kontemplation, "kein Bereich des Bewusstseins" bedeutet der absolut formlose Bereich des Nirvânas.

"Nicht Unwissenheit" bedeutet, dass es auch nicht ein einziges dharma gibt, das man nicht versteht. Wenn wir uns in Unwissenheit befinden, müssen wir alle Täuschung und Verwirrung durch Weisheit auflösen. Wenn es keine Unwissenheit, leidschaffenden Emotionen und Probleme mehr aufzulösen gibt, hat auch die

Weisheit keine Verwendung mehr. Dann gibt es kein einziges dharma mehr, das erlangt werden könnte. Da alles vollkommen leer ist, gibt es keine Weisheit und auch kein Erlangen.

Warum kann der "Geist furchtlos und frei von allen Täuschungen" sein? Weil er die Nichtigkeit von allen Erscheinungen geschaut hat und weiß, dass alles letztendlich leer und still ist.

"Vollkommenes Nirvâna" bedeutet kein Entstehen und kein Vergehen, kein Vorhandensein von Begierden, vollkommenes Durchdringen bis auf den Kern und totale Befreiung.

Da wir durch Prajnâ-Pâramitâ die ewige Wahrheit verstehen, wird sie das "große Mantra", was Befreiungskraft bedeutet, genannt. Darum nennt man es auch das "strahlende Mantra", was die Kraft des geistigen Durchdringens bedeutet, und schließlich auch das "unvergleichliche Mantra", mit der Bedeutung, dass dieses Mantra in uns unüberwindliche Kraft entstehen lässt.

IX.

Die Weisheit der Leere (prajñâ)

Unser wahrer Geist ist nicht dem Gesetz von Ursache und Wirkung unterworfen. Er ist nämlich das achte Bewusstsein, das sogenannte Grund- oder Speicherbewusstsein (*âlaya-vijnâna*). In ihm sind die Samen der anderen Bewusstseinsarten enthalten. Die ersten fünf Arten sind die Sinne (Sicht, Gehör, Geruch, Geschmack, Tastsinn), die sechste Art der Intellekt und die siebte Art das individualisierende Ego-Bewusstsein.

Das Grundbewusstsein ist das Bewusstsein, das ewig in sich selber ruht, das absolut und unwandelbar ist. Man kann es mit dem Meer vergleichen. Alle Wellen, egal welche momentane Form sie annehmen, sind immer noch Meereswasser und kehren zum Meer zurück. Das Grundbewusstsein ist wie ein Meer, und alle Erscheinungen sind Wellen des Bewusstseins, die aus diesem Meer stammen.

Das achte Bewusstsein kann auch mit einem Spiegel verglichen werden. Ein Spiegel kann hell und leer sein. Die Bilder, die man im Spiegel sehen kann, sind täuschend und falsch, aber der Spiegel selbst ist nicht falsch. Alle Bilder werden vom achten Bewusstsein aufgenommen und gespeichert. Daher wird es Speicherbewusstsein genannt. Es speichert nicht nur alle karmischen Eindrücke oder Karma-Samen, die wir in dieser Existenz erzeugen, sondern auch die, die wir in vergangenen Existenzen geschaffen und hinterlassen haben. Diese Samen reifen wiederum zum individualisierenden Ego-Bewusstsein heran, das die Vorstellung des Ich erzeugt. Dieses individualisierende Bewusstsein ist das siebte Bewusstsein. Es erzeugt die Vorstellung von einem Ich und hält an den Dingen fest.

Das sechste Bewusstsein ist der Intellekt. Es ist das Bewusstsein, das Wissen in Weisheit verwandeln kann. Die Funktion des sechsten Bewusstsein ist die Betrachtung. Normalerweise fallen unsere Betrachtungen unter die Kategorien von Entstehen und Vergehen, Sein und Nichtsein. Wenn wir jedoch unsere alltägliche Betrachtungsweise durch die Betrachtung der Leere ersetzen können, dann ist das die wunderbare betrachtende Weisheit. Ist unser sechstes Bewusstsein so in die wunderbar betrachtende Weisheit verwandelt, dann sind weder das siebte und achte Bewusstsein noch die ersten fünf Bewusstseinsarten aktiv. Wenn die ersten fünf Bewusstseinsarten, also die fünf Sinne, in der Meditation zur Ruhe gekommen sind und nichts mehr erstreben oder ablehnen, dann stellt auch das sechste Bewusstsein keine falschen Unterscheidungen mehr an. Weil es keine falschen Unterscheidungen mehr anstellt, klammert sich auch das siebte Bewusstsein an nichts mehr, weder an äußere Dinge noch an die Vorstellung von einem Ich. Und somit ruht auch das achte Bewusstsein in sich selbst, ohne neue Samen zu erzeugen.

Dieser Zustand wird das "Aufgeben von Formen und Erscheinungen" genannt. Er ist das Aufgeben karmischen Handelns. Das "Nicht-Aufgeben von Formen und Erscheinungen" dagegen ist karmisches Handeln mit dem Resultat von Entstehen und Vergehen, also von der Wiedergeburt. Wenn wir jedoch die Erscheinungen ganz aufgegeben haben, das heißt wenn wir nicht mehr durch sie beeinflusst und irregeführt werden, gibt es weder Entstehen noch Vergehen. Dann sind unser Herz und Geist lichthaft, weit und unendlich wie der Himmel. Das ist der wahre ursprüngliche Zustand unseres Herzens.

Die Übung, in der unser Intellekt in wunderbar betrachtende Weisheit verwandelt wird und wir in den ursprünglich unwandelbaren Grund unsere Herzens und Geistes eintauchen, ist die Übung der Weisheit. Was ist das Wunderbare an dieser Weisheit? Die Tatsache, dass sie in allem die Leere zum Vorschein bringt, so dass wir loslassen können.

Das *Herz Sûtra* sagt uns, dass die fünf Gruppen, nämlich Körper, Empfindungen, Wahrnehmungen, Geistesregungen und Bewusstsein, alle leer sind.

Sehen wir also, dass alles Existierende und auch das in uns, was sehen kann, leer ist. Das, was gesehen wird, kommt auf und verschwindet, wechselt ständig und ist leer. Das, was sieht, kommt ebenso auf und verschwindet, wechselt ständig und ist leer. Das "Aufgeben von Formen und Erscheinungen" bedeutet zu sehen, dass Eigenschaften und Funktionen leer sind. Selbst die Fähigkeit zu denken, gedacht zu werden oder nicht gedacht zu werden – all dieses ist leer. Wenn wir dies sehen und begreifen können, ist alles ganz einfach. Das Hier und Jetzt ist leer. Form ist Leere und Leere ist Form. Das Herz ist der Buddha.

Wenn wir also den Buddhismus praktizieren wollen, müssen wir die Leere zu unserer Selbstnatur machen und uns selbst durch die Leere retten. Das können wir nur dann, wenn wir uns die Lehre des *Herz Sûtra* zu Herzen nehmen, unsere falschen Vorstellungen vom Sein aufgeben und in die Leere eintreten. Unsere Vorstellungen vom Sein sind nichts anderes als Illusionen. Eine Illusion ist wie ein Traum. Den Traum für die Wirklichkeit zu halten ist so, als ob wir den Mond aus einem Teich schöpfen wollten. Betrachten wir daher lieber regelmäßig die wahre Form aller Dinge. Die wahre Form ohne Form ist die Leere.

Warum gibt es die Leere? Es gibt die Leere, weil es Seiendes gibt. Und es gibt Seiendes, weil es die Leere gibt. Ohne Seiendes gäbe es keine Leere, über die man sprechen könnte, und ohne Leere gäbe es kein Seiendes, über das man sprechen könnte. Das ist die Bedeutung von "Form ist Leere" und "Leere ist Form." Die Übung der Weisheit nun besteht darin, diesen Zusammenhang zu begreifen und ganz und gar in unserem Leben zu realisieren. Um die Leere zu erkennen, müssen wir von unterschiedlichen Gegebenheiten ausgehen:

1) Die Erleuchtung des Selbst. Betrachten wir unser eigenes Herz und überprüfen wir, ob das Selbst existiert oder nicht. Wenn es existiert, ist unser Herz dem Entstehen und Vergehen unterworfen. Wenn es nicht existiert, existiert auch unser Herz nicht. Also, existiert ein Selbst oder nicht?

Ohne Weisheit werden wir diese existentielle Frage nicht beantworten können. Was ist die Natur der Weisheit? Die Leere. Und die Übung der Weisheit bedeutet, in allem die Leere zu sehen. Mit vollendeter Weisheit (*prajnâpâramitâ*) sehen wir, dass die fünf Gruppen leer sind, dass alle Daseinsfaktoren ohne Ich sind und dass auch alles, was wir denken, sagen und tun, letztendlich unbeständig und vergänglich ist. Wenn wir uns regelmäßig in dieser Betrachtung üben, werden unser Herz und Geist ganz von selbst frei von Vorstellungen, Verhaftungen und Wünschen. Erst dann kann sich unser Herz ganz öffnen, so dass es alle Wesen in Leid und Gefahr retten kann.

2) Die Erleuchtung des Anderen. Betrachten wir die wahre Natur aller Erscheinungen, die Unwirklichkeit aller Kombinationen. Sehen wir auch hier, dass alle Daseinsfaktoren ohne Ich sind, dass sie Traum und Schaum sind. Verstehen wir dies vom Gesetz der kausalen Beziehungen her. Was ist das Gesetz der kausalen Beziehungen? Es ist die Lehre von der Leere. Wenn wir von kausalen Beziehungen sprechen, sprechen wir von Leere. Wenn wir also das Gesetz der kausalen Beziehungen durch und durch verstehen, dann geben Herz und Geist ihre Aktivitäten auf. Tun sie das nicht, dann produzieren sie weiterhin falsche Ideen und Verwirrung. Die Verwirrung des Herzens entsteht durch die Erscheinungen. Wenn wir diese Verwirrung begreifen wollen, müssen wir daher als erstes begreifen, dass die Erscheinungen unbeständig, nichtig und leer sind.

Wenn wir in der Übung der Weisheit also das Prinzip der wahren Form verstehen, können wir geistig loslassen und auch alles auf der Ebene der physischen Welt verstehen. Die wahre Form wird auch als "Dharma-Natur" bezeichnet. Die Dharma-Natur ist kein Phänomen. Sie ist die Leere, die das ganze Universum erfüllt. Wenn unser Geist in die wahre Form eindringen kann, ist er eins mit dem Universum. Dann realisiert er ganz und gar die dem Universum zugrundeliegende Wahrheit, die das *Herz Sûtra* als "Form ist Leere" und "Leere ist Form" ausdrückt.

Wenn unser Geist jedoch Gedanken produziert, ist er eins mit den Phänomenen. Wie produziert er Gedanken? Er produziert Gedanken, sobald er eine Form wahrnimmt.

Wenn wir in allen Formen jedoch die wahre formlose Form sehen können, dann können wir das Leben von der Leere her verstehen und uns dadurch vom Tod befreien. Dann ist, wie das *Herz Sûtra* sagt, "Nirvâna hier". Dann verstehen wir, dass "alles, was ist, Ausdruck der Leere (ist), nicht entstanden, nicht vergangen, nicht befleckt und nicht rein, ohne Gewinn und ohne Verlust." Dann leben wir "ungehindert, daher ohne Furcht und frei von allenTäuschungen." Das ist die Welt der Leere, nicht die Welt der Bürden.

Die Welt der Leere wird die Buddha-Welt genannt. In ihr gibt es keine Last, die wir auf uns nehmen oder ablegen können. Warum? Weil unser Kommen in die Welt leer ist und unser Verlassen der Welt ebenso leer ist. Weil es dabei nichts zu verlieren oder zu gewinnen gibt. Dies bedeutet jedoch nicht, dass es in der Welt der Leere überhaupt nichts mehr gibt. Es bedeutet, dass wir in ihr unser Leben ungebundener und freier leben, wie ein Fisch, den man ins Wasser zurückgeworfen hat.

Wenn wir jedoch nur auf der Ebene der Welt der Phänomene bleiben, schaffen wir uns alle möglichen Probleme. Dann bringen wir unser Herz durch Verhaftung an die äußeren Dinge in Aufruhr und geraten in Stress. Verstehen wir doch, dass wir unseren Lebensstress selbst geschaffen haben. Schenken wir ihm daher keine weitere Beachtung und machen wir uns nichts daraus. Betrachten wir statt dessen die Leere oder rezitieren wir den

Namen des Buddha. Dann wird sich unser Herz beruhigen und der Stress ganz von selbst verschwinden.

Die Übung der Weisheit ist nicht nur für diejenigen von uns wichtig, die als Nonne oder Mönch im Kloster leben, sondern gerade auch für alle, die voll im Familien- und Berufsleben stehen. Vielleicht werden sich nun manche fragen, wie sich denn die Arbeit mit der Übung der Weisheit vereinbaren lässt.

Erstens, indem wir alles, was täglich auf uns zukommt, als vergänglich und als Illusion betrachten. Zweitens, indem wir den Namen des Buddha oder ein Mantra rezitieren, ganz egal, was wir gerade tun. Drittens, indem wir unsere Arbeit, unser Verhalten und unsere Gedanken als nichts anderes als einen Teil der Welt der Erscheinungen betrachten. Je beschäftigter wir sind, umso mehr sollten wir uns um diese Betrachtungsweise bemühen. Wenn wir uns lange genug darum bemüht haben, wird unser Herz allmählich zur Ruhe kommen.

Wir Menschen müssen akzeptieren, dass wir in einer materialistischen Welt der Erscheinungen leben. Die Erscheinungen sind nichts weiter als Ausdruck der Leere. Um Befreiung inmitten der Erscheinungen erlangen zu können, müssen wir daher ständig die Betrachtung der Leere anwenden und in all unserem Tun die innere losgelöste Haltung des Nicht-Tuns bewahren. Und wir müssen dort, wo in unserem Herz und Geist Gedanken auftauchen, die Leere betrachten. Betrachten wir die Leere in jeder Situation des täglichen Lebens. Wenden wir unsere kontemplative Achtsamkeit in jeder Lebenslage, im Gehen, Stehen, Sitzen und Liegen an. So die Leere zu betrachten, bedeutet, dass wir kommen und gehen, wie es uns gefällt.

Die Betrachtung der Leere ist Weisheit. Die Weisheit der Leere ist wie ein Darm. Sie verdaut alle emotionalen Verflechtungen im Bereich der sinnlichen Begierde (*kâmadhâtu*), alle Phänomene im Bereich der Form (*rûpadhâtu*) und auch die Nicht-Phänomene des formlosen Bereichs des reinen Geistes (*ârûpadhâtu*).

Sie verdaut alle Probleme und Widersprüche. Das alles verdauen zu wollen ist die rechte Achtsamkeit und damit Übung der Weisheit. Durch sie wird unser Leben befreit. Wenn unsere Betrachtung jedoch nicht kraftvoll und effektiv genug ist, werden wir uns treiben lassen und immer wieder neu im Teufelskreis der leidschaffenden Emotionen, der Wirrungen und Probleme, des haltlosen Treibens und letztendlich der Wiedergeburt verfangen.

Nun haben wir sehr viel über die Weisheit der Leere gehört oder gelesen. Die Leere ist theoretisch sehr leicht zu verstehen. Aber das theoretische Verständnis allein reicht noch nicht. Wir brauchen die Meditationskraft des Ch'an, um ihren wahren Sinn ganz begreifen zu können. Wir müssen also, um wirklich zur Befreiung zu kommen, das, was wir gelesen oder gehört haben, in die Praxis umsetzen. Die Praxis bedeutet, das Herz der Weisheit ganz zum Vorschein zu bringen. Nur ein Verhalten, das auf der Weisheit der Leere gegründet ist, kann uns selbst und alle Wesen vor Leid und Gefahr bewahren.

Wie können wir nun die altruistische Einstellung, alle Wesen zur Befreiung bringen zu wollen, aufrecht erhalten? Durch die ständige Übung der Weisheit. Setzen wir uns mit Leib und Seele für das Wohl aller Wesen ein. Achten wir nur auf das, was wir säen, und rechnen wir uns nicht aus, was wir ernten werden. Stellen wir nur sicher, dass wir genug Ausdauer, liebevolle Barmherzigkeit und Weisheit mitbringen. Wenn wir nicht genug Weisheit besitzen und anwenden, werden wir nämlich leicht von den Umständen und unseren Emotionen überwältigt. Die Übung der Weisheit bewahrt uns vor solchen Verstrickungen. Sie lenkt unsere Aufmerksamkeit und Betrachtung immer wieder zurück auf die Leere der kausalen Beziehungen aller Dharmas, auf das Nicht-Vorhandensein des Ich und auf die Vergänglichkeit zurück. Sie ist nicht imaginär, sondern ganz und gar praktisch. Sie bewahrt uns in jeder Situation davor, aufzugeben. Erst wenn wir die Leere verstehen, können wir anderen wirklich helfen, weil wir uns dadurch selbst helfen.

X.

Die Saat von Barmherzigkeit und Weisheit aufgehen lassen

Um liebende Güte und Erbarmen zu entwickeln, müssen wir zuerst den Hass aus unserem Herzen verbannen. Das bedeutet, nicht zu töten und keine Gewalt anzuwenden. Hass hinterlässt Spuren der Erinnerung im Bewusstsein und bewirkt, dass wir den Geist bei der Meditation nicht leicht konzentrieren und zur Ruhe bringen können. Wenn unser Herz hart und unser Geist ungehalten ist, dann kommen wir mit der Meditation nicht weiter. Um unser Herz sanft und unseren Geist geschmeidig zu machen, sollten wir es daher vermeiden, zu töten oder Gewalt anzuwenden.

Einige Menschen verstehen nicht so recht, was das Gebot des Nicht-Tötens oder der Gewaltlosigkeit wirklich beinhaltet. Einem Huhn das Leben zu nehmen, ist ein Akt des Tötens. Und wenn wir Wasser trinken, nehmen wir vielen Mikroorganismen das Leben. Der entscheidende Unterschied liegt jedoch in der Absicht. Jedes Mal, wenn in unserem Herzen die Absicht aufkommt, einem anderen Wesen Leid zuzufügen, handelt es sich dabei um einen Akt des Tötens, um einen Verstoß gegen das Gebot des Nicht-Tötens. Einem anderen Wesen Leid zuzufügen ist, egal welche Ausflüchte wir auch machen, trotzdem immer ein Akt des Tötens. Das Wichtige hierbei ist, dass wir versuchen sollten, jede Art von Leid, das wir einem andern Lebewesen zufügen, so weit wie möglich zu vermeiden. Eine Tat ist eine Tat und Argumente sind Argumente. Tatsache ist jedoch, dass es für uns nicht von Vorteil ist, anderen Lebewesen Leid zuzufügen. Wenn die Ursache vorhanden ist, lässt das Ergebnis nicht auf sich warten. Wenn wir anderen Leid zufügen, wird uns als natürliches

Resultat unserer Handlung selbst Leid zugefügt werden. Vermeiden wir es doch nach besten Kräften, eine erste Ursache für den endlosen Zyklus von Hass und Gewalt zu schaffen.

Um den Zustand von einsgerichteter Konzentration (*samâdhi*) in der Meditation erreichen zu können, müssen wir zuerst die fünf Gebote ernsthaft befolgen. Und zwar deshalb, weil "Töten, Stehlen, Lügen, Ehebruch und Trunkenheit" sehr schlechte, unreflektierte Absichten und Gedanken zugrunde liegen. Diese ungereimten, unreflektieren Absichten und Gedanken verhindern, dass wir Herz und Geist konzentrieren und zu Ruhe kommen lassen können. Und folglich werden wir es schwierig finden, erfolgreich zu meditieren und Konzentration des Geistes zu erlangen. Das Befolgen der fünf Gebote hilft uns, durch Mäßigung Stabilität zu finden und durch Einsgerichtetheit in der Konzentration Weisheit zu entwickeln.

"Aufrichtigkeit ist ein Tempel". In unserem täglichen Leben sollten wir uns an diese Maxime halten und uns nicht gegenseitig in Intrige, Parteinahme und Streiterei verwickeln. Das sind Verhaltensweisen, die nicht zu einem aufrichtigen Wahrheitssuchenden passen. Für den spirituellen Weg benötigen wir eine ganz offene, klare und ungehinderte innere Haltung. Herz und Geist dürfen nicht verworren sein. Machen wir die Aufrichtigkeit zu unserem Tempel. Haben wir etwas freie Zeit, dann nützen wir sie zu der Übung, Herz und Geist zu sammeln. Verschwenden wir sie nicht damit, müßigen Gedanken nachzuhängen. Wenn wir faul, unkonzentriert und undiszipliniert sind, werden wir niemals wahres Glück finden. Darüberhinaus werden wir geistig träge, energielos und unfähig sein, in der Meditation tiefe Freude zu erzeugen. Geben wir unsere spirituelle Übung im täglichen Leben nie auf. Die Sammlung des Geistes wird uns helfen, spirituelle Freude zu erfahren. Wenn wir beständig üben und Herz und Geist ruhig stellen können, werden wir in der Meditation die Kraft der Konzentration entwickeln. Freude und Seligkeit werden aus unserem Inneren hervorströmen. Unser Leben wird glücklich und zufrieden sein. Diese Art von Freude und Seligkeit ist nicht wie das Glück, das von äußeren, materiellen Dingen wie Geld, Prestige oder dem Tragen von Markenmodellen herrührt. Es ist die Freude und Seligkeit, die aus unserem Inneren herrührt. Wenn wir also jederzeit glücklich sein möchten, egal wo wir gerade sind, dann müssen wir mit der Konzentration in der Meditation anfangen.

Einige von uns sind Nonnen und Mönche, andere Laien. Aber wir alle haben dasselbe Herz, denselben Geist. Spirituelle Suche, der Wunsch, die beste Lehre zu erhalten, erleuchtet zu werden, ein Buddha zu werden, alle diese guten Vorsätze sind unser gemeinsames Gut. Das bedeutet, dass wir denselben Geist und dasselbe Herz haben. Glaubt nicht, dass wir uns unterscheiden, nur weil die Nonnen und Mönche Roben tragen und ihre Köpfe scheren.

Der wahre Unterschied liegt in der Herzens- und Geisteseinstellung. Wenn unser Geist in gleicher Weise den spirituellen Weg anstrebt, und wenn wir uns in gleicher Weise um die Übung der Mäßigung durch das Einhalten der fünf Gebote, um Konzentrationskraft und Weisheit bemühen, werden wir uns alle in gleicher Weise der Reinheit, Gelassenheit und Freiheit erfreuen. Wenn wir unseren Geist aber nicht disziplinieren, sondern ihn ständig in Richtung der sieben wechselnden Emotionen drängen – Freude und Ärger, Traurigkeit und Glücklichsein, Liebe und Hass und Lust – werden wir nur ein Leben voller Freude und Ärger, Traurigkeit und Glücklichsein, Liebe und Hass und Lust erleben. Dann wird unser Leben nichts anderes sein als eine Reihe von Höhen und Tiefen, geplagt von Gewinn und Verlust, Liebe, Hass und täglicher Frustration, genauso wie man es z.B. so oft in Illustrierten oder Talk Shows sieht.

Eine der Hauptvoraussetzungen für das Menschenleben ist das Erlangen von Weisheit. Weisheit ermöglicht es uns, das segensreichste Ziel für unser Leben auszuwählen und dann unser ganzes Leben daraufhin auszurichten. Was ist die beste Basis für das

Leben? Bestimmt nicht die Dinge, die wir uns dadurch anschaffen, dass wir den liebenTag lang kleinliche Berechnungen anstellen. Die beste Basis ist die Weite unseres Herzens und Geistes. Je offener Herz und Geist sind, umso größer ist der Segen, der uns zuteil werden wird. Je enger Herz und Geist sind, umso geringer ist der Segen, der uns zuteil wird. Ursprünglich sind wir jeden Tag mit reichen Segnungen bedacht worden. Sobald wir aber anfangen, unsere kleinlichen Überlegungen und Vergleiche anzustellen, gehen die Segnungen verloren. Wenn wir uns bei unserer Arbeit etwas mehr Mühe geben, nehmen die Segnungen wieder etwas zu. Wenn wir aber kalkulieren und streiten, entwischen die Segnungen wieder. Wenn wir uns deshalb jeden Tag Mühe geben, nicht kleinlich und berechnend zu sein, wird unser Leben gesegnet sein. Unsere wirkliche Arbeit besteht darin, den Boden von Weisheit und Erbarmen fruchtbar zu machen. Dazu sollten wir auch nicht die kleinste Gelegenheit ungenutzt lassen.

Wenn wir als Nonne oder Mönch in einen Orden eintreten, gehört uns nichts mehr. Daher müssen wir unser Herz noch etwas mehr öffnen. Lassen wir Herz und Geist nicht ständig durch alle möglichen kleinen Probleme in Aufruhr geraten. Natürlich ist es nicht so leicht, viele unserer Gewohnheiten zu überwinden. Wir müssen ständig an Herz und Geist arbeiten, sie sanft und friedvoll machen. Können wir das, dann wird jede Begegnung mit anderen segensreich sein.

Die unterschiedlichen Stadien auf dem Bodhisattvaweg und die unterschiedlichen Grade der Verwirklichung in der Ch'an Meditation hängen davon ab, wie friedvoll und sanft Herz und Geist sind. Ein Geist voller Gier, Hass, Unwissenheit, Mord- und Raubabsicht wird niemals in der Lage sein, tiefe Freude und anhaltendes Glück zu erfahren. Wenn wir aber bei der Arbeit, im Umgang mit anderen Menschen und bei unseren Gedanken und Überlegungen ein sanftes Herz und einen geschmeidigen Geist bewahren können, dann verkörpern wir Achtsamkeit, Gelassenheit und Weisheit.

Welches Ziel haben wir für unser Leben? Wie können wir ein zufriedenes und glückliches Leben schaffen? Die Antwort lautet: Durch Befreiung, durch liebende Güte und Barmherzigkeit. Liebende Güte und Barmherzigkeit sind Glück. Befreiung ist Weisheit. Unsere Arbeit besteht darin, unser Herz liebend und barmherzig zu machen, so dass wir Weisheit entwickeln können. Barmherzigkeit macht unser Herz sanft, und Weisheit befreit uns und hebt alle Hindernisse auf. In einer ungehinderten inneren Verfassung ist alles erfrischend, ist reine Freude. Warum versuchen wir es nicht einmal damit? Die spirituelle Praxis ist der Weg, der uns dahin führt.

Wenn wir in die Welt der Erscheinungen unseren Beitrag von liebender Güte und Barmherzigkeit einbringen, werden unser Herz und Geist auf natürliche Weise sanft und froh. Sie finden nämlich in der Barmherzigkeit ihre vollkommene Erfüllung. Können wir in der Welt des Seins die Leere realisieren, dann finden wir Befreiung und Frieden. Unsere Weisheit ist dann vollkommen, wenn wir in allem die Leere sehen und loslassen können. Für gewöhnlich arbeiten wir im täglichen Leben jedoch nicht daran, die Leere zu realisieren. Wir tragen lieber unsere Animositäten mit uns herum und verheddern unsere Gedanken in Trivialitäten und Unklarheiten. Wir konzentrieren uns oft nicht auf unsere Arbeit, sondern passen ständig auf, dass uns niemand zu nahe tritt. Durch unsere kleinliche Einstellung wird unser Lebens- und Bewegungsraum immer geringer, so dass wir schließlich ständig über unsere eigenen Füße stolpern. Wenn unsere Gedanken nur noch um uns selbst und um lauter Nebensächlichkeiten kreisen, werden wir aus der Enge eines solchen Lebens und Denkens nicht mehr herauskommen.

Wir produzieren im täglichen Leben jede Menge von Abfall. Ich meine damit das Gerede darüber, wer recht hat und wer nicht, wie du bist, wie ich bin, wie er ist, usw. Wir haben zu allem, was um uns herum passiert, Meinungen und Ansichten, und die sammeln wir im Innern an, bis wir eine riesige Müllsammlung beisammen haben. Da diese Dinge keinerlei Nährwert besitzen, sind sie nichts als Abfall. Und was bringt uns dieser Abfall? Er hält uns davon ab, jeden Moment des täglichen Lebens wirklich bewusst zu erleben und darin Erfüllung und Zufriedenheit zu finden. Wenn wir im täglichen Leben nur die Fehler sehen, werden wir uns elend, gestresst und bedrückt fühlen. Um Klarheit und Frieden finden zu können, müssen wir den Müll in Brennmaterial verwandeln, ihn als Nährstoff verwenden. Wir können unseren Intellekt entweder in Weisheit verwandeln oder aber so gebrauchen, dass er uns nur noch Leid und Misere beschert.

Uns ganz der Misere hinzugeben bedeutet, dass wir gegen unsere Probleme und Sorgen nicht rebellieren, sondern den äußeren Umständen und wechselnden Emotionen nachgeben und dadurch viel Gier, Hass und Verblendung schaffen. Spirituelle Praxis bedeutet Achtsamkeit. Wir müssen ständig auf unsere Gedanken, Absichten und Emotionen aufpassen. Andernfalls verrennen wir uns in unsere Sorgen und Probleme, entfernen uns immer mehr von der Wirklichkeit und versinken schließlich ganz in der Misere, ohne überhaupt noch zu versuchen, wieder herauszukommen.

Wir verschwenden einen viel zu großen Teil unseres Lebens damit, uns um unnötige Dinge Sorgen zu machen. Spirituelle Praxis bedeutet, diese Zeit auszunützen und unseren Intellekt in Weisheit zu verwandeln. Wir leben zu unbewusst. Bei der spirituellen Praxis kommt es auf einen bewussten, wachen Geist an. Seien wir uns jeden Augenblick darüber klar, wo unser Herz, wo unser Geist ist. Düngen wir nicht den Boden der Unwissenheit. Lernen wir, unseren Intellekt in Weisheit zu verwandeln. Düngen wir den Boden der Erleuchtung. Denken wir nicht, dass nur das Sitzen in der Meditation zählt. Das ist nicht das einzige, worauf es bei der spirituellen Praxis ankommt. Es kommt vielmehr darauf an, den Boden der Weisheit, den Boden der Barmherzigkeit fruchtbar zu machen. Wenn wir das gut können, dauert es nicht mehr lange, bis wir Buddha werden.

XI.

Ein Leben ohne Zwang und Anhaften

Jeder Mensch lebt in seiner eigenen Gefühlswelt. Das ist der hauptsächliche Grund für unsere Frustration und unser Leiden. Da wir alles nach unseren eigenen Gefühlen und Werten messen und dabei widersprüchliche Vorstellungen und Meinungen entwickeln, schaffen wir alle erdenklichen Arten von Leiden. Wenn wir unsere Gefühle dagegen in die absolute Natur der Leere leiten können, dann ist jedes Gefühl, das gerade in uns aufkommt, eine Offenbarung der Leere.

Was bedeutet Offenbarung der Leere? Sie bedeutet ein Leben frei von Zwang und Anhaften. Wenn uns die Wirklichkeit der Leere aufgeht, werden wir mit der Arbeit des Loslassens ganz realistisch bei unserem eigenen Ego beginnen. Loslassen und Befreiung bedeutet, Herz und Geist in jedem Moment entspannen zu können, und in keiner Situation Anhaften, Gier oder Versessenheit zu entwickeln. Loslassen bedeutet nicht, dass wir Kinder, Beruf, Familie oder Eltern im Stich lassen. Es bedeutet auch nicht, dass uns die Menschen oder Angelegenheiten, mit denen wir im täglichen Leben zu tun haben, nichts mehr angehen. Nein, so ist das ganz und gar nicht zu verstehen.

Wenn Herz und Geist gierig und auf Dinge versessen sind, wird uns das zur Behinderung und macht uns unfrei. Wir sind in ständiger Angst und Sorge, wir könnten unseren Besitz verlieren. Sobald in unserem Geist der Gedanke an irgendetwas aufkommt, werden wir dadurch gebunden. Kommt der Gedanke an Geld auf, werden wir durch Geld bestimmt. Kommt der Gedanke an eine Liebesbeziehung auf, verlieren wir uns in romantischen Gefühlen. Jeder Gedanke, der sich in Herz und Geist regt, zeugt ohne ersichtlichen Grund viele andere Gefühle und Vorstellungen, durch die wir eingeengt und gebunden werden. Dass wir uns unablässig an diesen Gedanken und Gefühlen festklammern, beschert uns großes Leid und viele Konflikte und führt dazu, dass wir im tiefsten Innersten viele Widerstände erzeugen. Daher sollten Herz und Geist "inmitten aller Widerstände" loslassen, "inmitten allen Verhaftetseins" loslassen. Wenn wir Herz und Geist ständig darin üben, zur absoluten Natur der Leere zurückzukehren, werden sie allmählich immer gelöster. Und das bringt uns spirituelle Freude und Glück. Unser Herz wird ganz natürlich zum wahren Selbst zurückkehren, wenn es entspannt, tolerant, nicht berechend und nicht streitsüchtig ist, und wenn es sich an nichts Äußerliches hängt. Unser Leben ist vollkommen glücklich, wenn wir es schaffen, an nichts festzuhalten, loszulassen.

Im *Herz Sûtra* heißt es "Der Bodhisattva lebt aus Prajnâ-Pâramitâ, ohne Behinderung des Geistes. Ungehindert, daher ohne Furcht und ohne alle Täuschungen." Wie ist das möglich? Es ist dann möglich, wenn unser Geist in ständiger Betrachtung sieht, dass alle Dinge (*dharmas*) Erscheinungen der Leere sind, und dass die fünf Gruppen (*skandhas*) nichts als Leere sind. Diese Betrachtung führt uns zu der Einsicht, dass die wahre Natur aller Dinge Vergänglichkeit und Leere ist, dass dies die wahre Natur der Seins ist. Wenn wir das eingesehen haben, werden wir auch verstehen, dass Herz und Geist die Quelle der Schöpfung sind, die alle Phänomene hervorbringt. Schafft sie Glück, werden wir Glück erfahren. Schafft sie Leid, werden wir Leid erfahren. Schafft sie Befreiung, werden wir Befreiung erfahren. Lassen wir los, werden wir Frieden finden, lassen wir nicht los, werden wir vor Sorgen vergehen.

Die Lehre des Buddha zu studieren und den spirituellen Weg zu begehen bedeutet, dass wir ganz konkret im täglichen Leben das Loslassen praktizieren und in dieser Praxis unsere Erleuchtungsnatur finden. Oft suchen wir überall den Esel, während wir auf dem Esel reiten; oft suchen wir das Pferd, während wir auf dem Pferd reiten. Was wir in Wirklichkeit suchen, ist die Erfahrung des jetzigen Augenblicks, das Erwachen zum Hier und Jetzt. Es ist ganz unnütz, der Vergangenheit nachzuhängen. Es ist ganz unnütz, die Hoffnung auf die Zukunft zu setzen. Das ist ganz klar und deutlich.

Uns hat noch nie wirklich etwas Äußeres gehört, auch nicht unser eigener Körper, weil der vergänglich und illusionär ist. Einige Leute haben gesagt: "Meister, das ist doch Unsinn. Der Körper ist keine Illusion, sondern existiert doch ganz eindeutig. Wenn ihm eine Verletzung zugefügt wird, fühlt er den Schmerz, und wenn es kalt ist, dann friert er. Er reagiert doch auf alle unterschiedlichen äußeren Eindrücke." In Wirklichkeit sind aber alle diese Gefühle und Empfindungen illusionär und werden früher oder später vergehen. Obgleich sie empfunden werden können, sind sie nicht wirklich. Mit der Zeit wird der Körper nämlich sterben. Dann wird es auch die Gefühle und Empfindungen des Köpers nicht mehr geben, oder etwa doch? Alle äußeren Dinge werden irgendwann verschwinden, irgendwann aufhören, zu existieren. Es gibt rein gar nichts, was uns gehört. Unser Leben, unsere Existenz ist wie das Pulver in einer Kanone. Es verschwindet in einem Blitz.

Ein Ch'an-Spruch lautet: "Die Wahrheit (Dharma) kann nicht außerhalb von Herz und Geist gesucht werden." Es ist am wichtigsten, das erleuchtete Bewusstsein des Hier und Jetzt ganz konkret zu erfahren. Erfahren wir die reine Helligkeit in uns. Wenn wir arbeiten, fühlen wir wirklich, dass wir arbeiten. Wenn wir gehen, fühlen wir wirklich, dass wir gehen. Wenn wir denken, fühlen wir wirklich, dass wir denken. Fühlen wir unser Leben still. Benützen wir unsere Gefühle und Empfindungen nicht dazu, zwischen gut und schlecht, richtig und falsch, gut und böse zu unterscheiden. Seien wir immer der Freude gewahr, die in uns ist. Erwachen wir ständig zur wahren Erfahrung des jetzigen Augenblicks. Das ist ein Leben der spirituellen Praxis. Unser Leben, egal ob in der Vergangenheit, Gegenwart oder Zukunft, ist nichts als die Erfahrung des jetzigen Augenblicks. Wenn wir zum jetzigen Augenblick erwachen, wenn wir ihn ganz bewusst erfahren, dann wird unser Leben ewig. Nur dann können wir das Leben wirklich genießen. Leben ist Buddha. Was ist Buddha? Das Leben, das im Hier und Jetzt zufrieden ist.

Die Übung des Ch'an

Einige Hinweise zur Praxis

1. Was ist Ch'an?

Der chinesische Begriff *Ch'an* ist eine Übersetzung des Sanskritwortes *Dhyâna*. *Dhyâna* kann als "Meditation", "Konzentration", "Einsgerichtetheit des Geistes", "Fülle der Achtsamkeit" wiedergegeben werden. Im Westen ist das Ch'an besser unter der Bezeichnung Zen bekannt (in der japanischen Aussprache).

Die Ch'an-Praxis ist die radikale Erforschung der wahren Natur des Selbst und der wahren Natur der Wirklichkeit. Sie bewirkt das Erwachen zur dynamischen Realität des jetzigen Augenblickes, die volle Bewusstwerdung des Hier und Jetzt. Sie ist gleichzeitig ein Ausdruck dieser Wirklichkeit, eine Verkörperung des erwachten Zustandes.

2. Warum Praxis?

De Wunsch, mit der Ch'an-Praxis zu beginnen, hat normalerweise einen der folgenden vier Gründe:

Einfache Neugierde

Der erste Grund, mit dem Studium des Ch'an zu beginnen, ist einfache Neugierde: Was ist Ch'an und was hat es damit auf sich? Vielleicht sind wir durch Lektüre auf Ch'an oder Zen aufmerksam geworden, vielleicht sind wir auf Zen-Malerei oder Zen-Dichtung gestoßen, vielleicht haben wir Zen-Tempel oder Zen-Gärten gesehen. Auf jeden Fall wollen wir herausfinden, was es mit dem Ch'an/Zen auf sich hat.

Der Wunsch nach Gesundheit

Der zweite Grund hat damit zu tun, dass wir unsere Gesundheit verbessern wollen. Es ist bekannt, dass Meditation ein bewährtes Mittel zur Entspannung und Reduzierung von Stress ist. Die Ch'an-Praxis kann zur generellen Verbesserung unseres Gesundheitszustandes beitragen.

Der Wunsch nach einem spirituellen Weg

Der dritte Grund, die Ch'an-Meditation aufzunehmen, ist der Wunsch nach einem spirituellen Weg, nach innerem Frieden. In der heutigen Gesellschaft werden wir ständig von Bildern des Materialismus und der Gewalt überschwemmt. Vielleicht haben wir den Wunsch, in dem Chaos des modernen Lebens inneres Gleichgewicht und inneren Frieden zu finden. Die Ch'an-Praxis kann zur Erfüllung dieses Wunsches beitragen.

Der Wunsch nach Erleuchtung

Der vierte Grund, mit der Ch'an-Praxis zu beginnen, ist der Wunsch, eine Antwort auf die grundlegenden Fragen unserer Existenz, nämlich auf die Frage nach Leben und Tod, oder nach unserem Platz im Universum zu finden: Wer oder was bin ich? Woher komme ich? Wohin gehe ich? Was soll all dies wirklich bedeuten? Im Ch'an werden diese Fragen als Audruck des Wunsches, zu unserem wahren Selbst, oder zu unserer wahren Natur zu erwachen, gesehen. Auf diese Fragen suchen wir keine intellektuelle Antwort, sondern eine reine Erfahrung, zu der die Praxis des Ch'an führen kann.

Diese vier Wünsche stellen eine Zusammenfassung all der wesentlichen Gründe dar, aus denen man den Beginn der Ch'an-Praxis ins Auge fassen mag. Als *Ausgangspunkt* sind alle vier Wünsche gleich gut und gleich berechtigt. Alle diese Wünsche können im Verlauf der Praxis geläutert werden und zu einer vertieften Spiritualität führen. Dennoch bereiten uns hauptsächlich der dritte und vierte Wunsch auf den Erhalt des reichen Schatzes vor, den die Ch'an-Praxis uns bescheren kann.

3. An die Praxis herangehen

Im Ch'an wird unser wahres Selbst oder unsere wahre Natur als "Buddha-Natur" oder "Erleuchtungs-Natur" bezeichnet. Der Ausdruck "Buddha" bedeutet der Erwachte, und Buddha-Natur weist ganz einfach auf die Tatsache hin, dass wir im Grunde schon erleuchtet, schon erwacht sind. Aber so wie es unterschiedliche Grade des Wachseins gibt, so können wir den Grad unserer Wachsamkeit und unseres Erwachtseins durch die Praxis des Ch'an vertiefen.

Ganz zu unserer wahren Natur zu erwachen bedeutet, zur Fülle unseres Menschseins zu gelangen. Hierzu helfen uns einige grundlegende Haltungen, die wir in der Ch'an-Meditation anwenden sollten.

Grundlegende Haltungen

Es werden uns drei grundlegende Haltungen empfohlen. Diese Haltungen sind großer Glauben oder großes Vertrauen; großer Zweifel; und große Ausdauer oder Beständigkeit.

Großes Vertrauen

Großes Vertrauen ist eine Vorbedingung für die Ch'an-Praxis. Aber Ch'an verlangt keinen bestimmten Glauben, keine Gläubigkeit als Bedingung für die Praxis. Im Gegenteil, bestimmte Glaubensansichten oder Meinungen könnten sich als Hindernis für die Praxis herausstellen.

Es ist eher so, dass der Tradition der Ch'an-Praxis großes Vertrauen entgegengebracht werden muss. Dieses Vertrauen bedeutet zum Beispiel, dass wir die Einladung, unser wahres Selbst als erleuchtet zu erfahren, annehmen. Dieses Vertrauen geht einher mit der Sicherheit, dass die Ch'an-Praxis einen tiefen inneren Wert hat und dass die seit 2500 Jahren fortbestehende lebendige Tradition der Ch'an-Praxis einen großen Unterschied in unserem Leben machen kann.

Die Ch'an-Praxis ist auch ein Ausdruck des Vertrauens darauf, dass es in dieser chaotischen Welt ein "fundamentales Gesundsein" gibt. Angesichts der Realität der Unbeständigkeit und des ständigen Wandels ist Ch'an das volle Eintauchen in das ewige Jetzt, in den unwandelbaren und sich dennoch ständig wandelnden Augenblick.

Großer Zweifel

Großer Zweifel ist das Gegenstück zu großem Vertrauen und ergänzt es. Zweifel ist die Vorbedingung für die ernsthafte Erforschung der Natur der Wirklichkeit und der Natur des Selbst, die in der Ch'an-Praxis aktualisiert wird. Zweifel darf nicht als etwas Negatives verstanden werden. Zweifel drückt sich vielmehr in den fundamentalen Fragen aus, die wir der Ch'an-Praxis entgegenbringen.

Zweifel ist der Geist des Hinterfragens, mit dem wir an die Praxis herangehen. "Wo komme ich her?", "Wo gehe ich hin?", "Wer bin ich wirklich?", "Was ist der Sinn des Ganzen?" Zweifel in diesem Sinne ist die Fähigkeit, ganz offen zu bleiben, die Bereitschaft, Glaubensinhalte und Meinungen, Erfahrungen, Annahmen und auch die eigene Existenz immer wieder zu hinterfragen. Zweifel wird oft mit einem Schwert verglichen, das *alle* Illusionen durchbricht.

Großer Zweifel wird von einer Haltung der Offenheit und Annahmebereitschaft begleitet. Großer Zweifel ist sowohl die Bereitschaft, alles zu hinterfragen als auch die Bereitschaft, mit der Möglichkeit zu leben, dass es auf einige Fragen vielleicht nie Antworten geben wird.

Große Ausdauer

Große Ausdauer oder Beständigkeit ist die Grundlage einer reifen Praxis. Der Entschluss zur Ausdauer trägt uns durch alle Stadien der Praxis, sowohl durch Stadien des Wachstums und der Einsicht, als auch durch schwierige Zeiten, Zeiten des Zweifels oder anderer Schwächen.

Unsere Praxis *ist* die Offenbarung unserer Erleuchtungsnatur, unsere Praxis *ist* unser Leben. Die Praxis des Ch'an ist nie von unserem täglichen Leben, von der besonderen Situation oder den Umständen, in denen wir uns gerade befinden, getrennt. Mit der Zeit entwickeln wir die Fähigkeit, nicht nur in der formalen Meditationshaltung, sondern in allen Situationen und unter allen Umständen zu meditieren.

Ch'an nimmt uns alle Entschuldigungen und Ausflüchte wie "wenn ich nur Zeit zur Praxis hätte; wenn ich nur einen Platz zum Sitzen hätte, wenn ich mich nur konzentrieren könnte, wenn nur meine Beine nicht wehtäten...". Die Praxis des Ch'an führt dazu, dass wir die volle Verantwortung für unsere Lebensweise und die Qualität unseres Lebens übernehmen.

4. Grundlagen der Ch'an-Praxis

Ch'an schließt alle Haltungen oder Möglichkeiten menschlicher Aktivität oder Passivität ein, nämlich die folgenden:

Ch'an im täglichen Handeln
Ch'an in passiven oder entspannten Zuständen
Ch'an in der sitzenden Meditationshaltung
Ch'an in der horizontalen Lage und im Schlaf

Auch wenn im Folgenden eine praktische Anleitung für das Ch'an in der sitzenden Meditationshaltung (chin. *tsuo-chan*, jap. *zazen*) gegeben wird, ist es wichtig zu beachten, dass wahre Praxis nie aufhört und nicht auf die Zeiten des formalen Sitzens in der Meditationshaltung beschränkt ist.

Die Körperhaltung in der Meditation

Das Herz der Ch'an-Praxis ist die Erfahrung der Wirklichkeit, die durch das Sitzen in der Meditation vertieft wird. Eine richtige Körperhaltung ist für die Meditation sehr wichtig. "Richtig" bedeutet hierbei die Beachtung grundlegender Bedingungen, welche die Basis für eine wache, dynamische und entspannte Haltung schaffen.

Die grundlegenden Körperhaltungen für das Zazen sind die Folgenden:

Volle Lotusposition - halbe Lotusposition - Burmesische Position - knieende Position - Sitzen auf einem Stuhl.

Für die ersten drei Positionen mit gekreuzten Beinen ist ein Meditationskissen hilfreich, weil es dazu beiträgt, das Rückgrat aufrecht zu halten. Eine Meditationsmatte, die unter das Kissen gelegt wird, hilft dabei, den Druck auf die Knie zu vermindern. Eine niedrige Bank ist empfehlenswert für diejenigen, die Schwierigkeiten mit den ersten drei Positionen haben.

Eine gute Atmosphäre im Meditationsraum unterstützt die Meditation. Er sollte möglichst ruhig sein; die Luft sollte rein und das Licht gedämpft sein.

Ein zu voller oder leerer Magen erschwert die Meditation.

Für Anfänger reichen anfangs zehn bis fünfzehn Minuten Meditation aus. Die Zeit kann allmählich verlängert werden.

Volle Lotusposition

Die volle Lotusposition ist die traditionelle Meditationshaltung, die in den meisten Yoga- oder Meditationssystemen benützt wird. Sie verleiht eine stabile und balancierte Haltung, die Konzentration und Entspannung ermöglicht.

Für die Lotusposition werden beide Beine auf der Matte angewinkelt, so dass die Knie die Matte berühren. Jetzt wird der rechte Fuß auf den linken Oberschenkel gelegt, und dann der linke Fuß auf den rechten Oberschenkel. Man kann auch umgekehrt mit dem linken Fuß auf dem rechten Oberschenkel beginnen.

Beide Knie sollten auf der Matte ruhen, weil das der Position Stabilität verleiht. Die Hände werden in der traditionellen Meditionshaltung auf den Schoß, der durch die gekreuzten Beine gebildet wird, gelegt. Die linke Hand wird in die rechte Hand gelegt. Die beiden Daumen werden hochgestellt und berühren sich leicht an der Spitze, so dass ein Oval oder ein Kreis entsteht.

Die Daumen sollten nicht zu fest aneinander gedrückt werden, aber auch nicht den Kontakt verlieren, so dass der Kreis erhalten bleibt. Diese Haltung erfordert Achtsamkeit. Durch Schläfrigkeit oder Träumerei trennen sich die Daumen voneinander und der Kreis geht verloren. Sie sachte wieder aneinanderzulegen ist die erneute und bewusste Rückkehr zur Achtsamkeit.

Die Schultern sollten entspannt sein, aber nicht gekrümmt. Die Arme dürfen nicht an den Körper gedrückt werden, sondern sollten gelockert im Schoß ruhen.

Wenn wir unsere Position eingenommen haben, dann ist es bei dieser *wie auch bei allen folgenden Positionen* ratsam, den Oberkörper vor Beginn der Meditation einige Male nach vorne, nach hinten, nach rechts und nach links zu bewegen. Das hilft, eine bessere Balance zu finden. Genauso hilft es, den Kopf nach vorne und hinten zu beugen und nach rechts und links zu drehen, um die Nackenmuskeln zu entspannen.

Es ist auch wichtig, die Beine während der Meditation warm zu halten. Eine leichte Decke ist daher empfehlenswert.

Beim Aufstehen sollten wir uns Zeit nehmen und nicht sofort hochkommen, um Verletzungen zu vermeiden. Es hilft, zuerst leicht nach rechts und links zu schaukeln, dann die Beine vorsichtig voneinander zu lösen und zu massieren, bevor wir aufstehen.

Halbe Lotusposition

Sie ist für die meisten Menschen im Westen einfacher einzunehmen als die volle Lotusposition. Wie bei dieser wird der rechte Fuß auf den linken Oberschenkel gelegt. Das linke Bein bleibt herangezogen unter dem rechten Bein auf der Matte liegen. Natürlich kann man auch mit dem linken Fuß auf dem rechten Oberschenkel beginnen. Beide Knie sollten auf der Matte ruhen. Die Haltung der Hände ist dieselbe wie beim vollen Lotus.

Burmesische Position

Sie gleicht der Lotusposition, übt aber weniger Druck auf die Schenkel und die Fußknöchel aus. Beide Beine werden angewinkelt, aber die Schenkel bleiben flach auf der Matte liegen. Ein Fuß liegt direkt vor dem Sitzkissen, der andere Fuß direkt vor diesem Fuß. Die Haltung der Hände bleibt dieselbe.

Knieende Position

Diese Position bietet eine Alternative zu den anderen Positionen mit gekreuzten oder angewinkelten Beinen. Wenn wir für diese Position ein Meditationskissen benützen, dann sitzen wir rittlings auf dem Kissen, wobei die Unterschenkel und die Fußrücken auf der Matte ruhen.

Eine niedrige Bank ist für diese Position besonders angebracht, weil sie eine stabilere Basis bildet als das Kissen. Die Beine werden zusammengebracht, die Unterschenkel und Fußrücken ruhen unter der Bank auf der Matte. Die Hände sind in der Meditationshaltung.

Sitzen auf einem Stuhl

Wenn keine der anderen Positionen möglich ist, bietet ein Stuhl eine gute Lösung. Man sollte so vorne auf dem Stuhl sitzen, dass der Rücken nicht die Stuhllehne berührt. Die Füße sind flach auf den Boden gestellt, die Knie ungefähr eine Schulterbreite gespreizt. Die Hände sind in der Meditationshaltung.

Weitere Hinweise

Wir sollten uns darum bemühen, eine Meditationshaltung zu finden, die wir allmählich zwanzig bis dreißig Minuten einhalten können, ohne uns zu bewegen. Wenn es nötig sein sollte, können wir zusätzliche Kissen benützen, um die Sitzhöhe zu verändern, oder kleine flache Kissen unter die Knie legen, um den Druck zu verringern.

Rückgrat

Ein gerades Rückgrad ist für jede der oben beschriebenen Positionen ganz wichtig. Der Körper sollte in einer entspannt achtsamen oder dynamisch stillen Haltung sein; jegliche Verkrampfung sollte vermieden werden.

Um das Rückgrad gerade zu halten, ist es hilfreich, sich eine gerade Linie vorzustellen, die durch Kopf und Rückgrad geht. In den Positionen mit gekreuzten Beinen sollte das Becken leicht nach vorne gebracht werden. Dadurch wird vermieden, dass die Haltung zusammensackt und Schmerzen im Rücken, den Schultern und dem Nacken entstehen.

Kopf

Kopf, Nacken und Schultern sollten ganz entspannt sein. Dazu hilft die Übung, den Kopf vor der Meditation nach vorne, hinten und seitlich zu bewegen. Genauso können die Schultern einige Male angehoben und gesenkt werden. Der Kopf sollte ganz leicht nach vorne geneigt werden.

Der Mund ist geschlossen, die Lippen sollten aber nicht aufeinandergepresst werden. Der Kiefer sollte entspannt sein, die Zähne dürfen sich nicht berühren. Die Zunge sollte leicht den Gaumen und Rücken der oberen Zähne berühren, also ohne Druck.

Dies ist eine bewusste Haltung, die den gesamten Mund und Kieferbereich entspannt.

Augen

Die Augen sollten leicht geöffnet sein. Wenn wir in der Meditation vor einer Wand sitzen, werden dadurch die äußeren Stimulierungen auf ein Minimum reduziert. Der Blick sollte ungefähr einen halben Meter vor uns auf dem Boden ruhen. Es ist wichtig, die Augen nicht zu schließen, damit die Achtsamkeit erhalten bleibt, und Träumerei und Schläfrigkeit vermieden werden.

Atem

Das Zählen des Atems ist die Grundübung für den Einstieg in die Ch'an-Meditation. Diese Übung entwickelt Konzentration, Achtsamkeit und Entspannung. Wir atmen von einem Punkt im Unterleib, der unter dem Bauchnabel liegt, her. Dieser Punkt ist das physische Schwerkraftzentrum des Körpers und auch das Zentrum der psychischen Energie (Sanskrit *câkra*). In China und Japan ist der Punkt als das Zentrum bekannt, das den Fluss der vitalen Energie (chin. *chi*, jap. *ki*) dirigiert.

Wir atmen durch die Nase, nicht durch den Mund. Der Atem sollte ganz natürlich und entspannt sein. Wir dürfen nicht versuchen, den Atem zu kontrollieren, ihn künstlich zu verlangsamen. Wenn wir lange genug sitzen, werden wir merken, dass der Atem ganz von selbst länger und tiefer wird. Das ist ein ganz natürlicher Prozess, den wir nicht erzwingen können.

Es gibt unterschiedliche Methoden für das Zählen des Atems. Die einfachste Methode ist es, jeden Atemzug beim Ausatmen von eins bis zehn zu zählen, und dann wieder von vorne zu beginnen. Obgleich dies einfach klingt, erfordert es eine Konzentration, an die der ungeübte Geist nicht gewöhnt ist. Wenn wir merken, dass wir bei einer Zahl weit über zehn angekommen sind, müssen wir bewusst wieder zur Eins zurückkehren und neu beginnen. Lassen wir uns dabei nicht durch Gefühle von Frustration oder Ärger stören, sondern entspannen wir uns ganz in den jetzigen Augenblick, so wie er im Atem erfahren wird.

Stille von Körper und Geist

Genauso wichtig wie die richtige Körperhaltung ist die richtige Geisteshaltung. Körper und Geist sind nicht getrennt; den Körper zur Ruhe und Stille zu bringen bedeutet den Geist zu stillen. Genauso kann sich der Körper entspannen, wenn sich der Tumult der täglichen Gedanken in der Meditation beruhigt und legt.

Ein stiller und konzentrierter Körper-Geist gibt die Spannung und den Stress, die sich in den Muskeln und Gedanken angesammelt haben, allmählich auf. Das Loslassen auf der körperlichen und geistigen Ebene führt zu einem tieferen Verstehen und Akzeptieren der Wirklichkeit.

Aufkommende Gedanken werden nicht unterdrückt, aber auch nicht weiter verfolgt, sondern ganz natürlich durch die Konzentration auf den Atem immer wieder losgelassen. Stellen wir uns zur Hilfe den Körper als einen Berg vor, dessen Ruhe durch nichts erschüttert wird. Die Gedanken und Emotionen sind wie die Wolken, die der Wind herbeitreibt, und die an dem Berg vorüberziehen. Oder sie sind wie die Blätter, die der Wind von den Bäumen treibt. Der Berg wird von den Wolken und der Baum von den Blättern nicht aus seiner Ruhe gebracht, sondern bleibt ungestört, heiter und still.

Unermüdlicher Geist des Fragens

In unserer Praxis der Meditation dürfen wir, ganz egal, ob wir Anfänger oder schon viele Jahre dabei sind, *nie* den Geist des Forschens, des Fragens aufgeben. Um unsere Praxis nicht einschlafen zu lassen, sondern sie lebendig und kreativ zu erhalten, hilft es, wenn wir uns die folgenden Fragen stellen: *Wer* praktiziert Ch'an-Meditation? *Wer* produziert den Fluss der Gedanken? *Wer* befindet sich im Kreislauf von Leben und Tod? *Wer* ist in Unwissenheit?

Denken wir daran: Das Selbst kommt durch das Zusammentreffen der vier Elemente (Festes, Flüssiges, Wärme und Bewegung) zustande. Die Vorstellung vom Ich entsteht aufgrund kausaler Beziehungen. Wenn kausale Beziehungen Leere sind, wenn die vier Elemente Leere sind, *wer* ist dann das "Ich"? Also: *Wer* produziert den Fluss der Gedanken? *Wer* befindet sich im Kreislauf von Leben und Tod? *Wer* ist in Unwissenheit?

Die Vorstellung vom Ich hängt mit den kausalen Beziehungen zusammen. Sie beruht auf dem Zusammentreffen der vier Elemente. Also: *Wer* ist unerleuchtet? *Wer* strebt nach Erleuchtung?

Jeder Gedanke, der in uns aufkommt, ist karmisch bedingt und schafft Karma. Also: *Wer* produziert leidschaffende Emotionen, Sorgen und Probleme? *Wer* schafft Hindernisse?

Alles wird durch das Herz, den Geist geschaffen. Die Beziehung zwischen unserem Herz/Geist und den Erscheinungen in der Welt der Phänomene wird in einem alten Zweizeiler folgendermaßen beschrieben:

> Gestalt des Berges, Gestalt des Wassers, Gestalt des Nebels: Gestalt um Gestalt Leere.
>
> Klang des Windes, Klang des Regens, Klang der Glocke: Klang um Klang. Soheit.

Kausale Beziehungen sind Leere; Herz/Geist ist ohne Form.

Also: *Wer* praktiziert denn eigentlich?

Nachwort

James L. Fredericks

Buddhismus als Herausforderung und Bereicherung

Ich habe einen buddhistischen Rosenkranz, der für mich einen ganz besonderen Wert besitzt. Er ist aus duftendem Sandelholz gemacht. Aber das ist nicht der Grund, warum der Rosenkranz so wertvoll für mich ist. Der wahre Grund ist, dass er mich an meinen Freund, Meister Hsin Tao, erinnert. Ich nenne meinen Freund "Shih-fu", was im Chinesischen einfach "Meister" bedeutet. Diesem Ausdruck haftet all die Formalität dieser Bezeichnung an, gleichzeitig aber beinhaltet er auch ein tiefes Gefühl von Intimität und Zuneigung. Shih-fu gab mir den Rosenkranz an einem stürmischen Abend als Pfand seiner Freundschaft. Wir befanden uns in einem Raum seines Klosters, das aus Steinen gebaut ist und wortwörtlich hoch oben an einer Felsklippe hängt, von der aus man einen weiten Blick über den Pazifik an der Nordostküste Taiwans hat. Ich war kurz davor, Taiwan zu verlassen und zu meiner Arbeit in Kyoto zurückzukehren. Shih-fu legte den Rosenkranz in meine Hände, neigte dann ehrfürchtig sein Haupt und bat mich um meinen priesterlichen Segen. Selten habe ich das Geheimnis meines christlichen Glaubens so tief und dankbar gespürt wie an jenem Abend auf dem Berg, an dem ich das Kreuzzeichen über diesem demütigen Mann machte.

Wir sind Freunde: ein buddhistischer Mönch und ein katholischer Priester, getrennt nicht nur durch kulturelle und sprachliche Unterschiede, sondern auch durch religiösen Glauben. Nie schaue ich jetzt Shih-fus Rosenkranz an, ohne an diesen Mann zu denken, der um meinen Segen gebeten hatte, und ohne darüber nachzudenken, was die Freundschaft mit ihm für mich und meinen Glauben bedeutet.

Einer der größten katholischen Theologen dieses Jahrhunderts, Romano Guardini, schrieb in seinem Buch *Der Herr*, dass der Buddhismus nicht nur die letzte Herausforderung an das Christentum sein werde, sondern auch die größte. Dies ist in Anbetracht der langen Auseinandersetzung des Christentums mit Bewegungen wie der Gnostik, dem Manichäismus, oder, zeitlich näher, mit dem Marxismus und dem Humanismus eine bemerkenswerte Aussage.

Der Jesuit Heinrich Dumoulin, einer der vielen deutschen Katholiken, die durch Guardini inspiriert worden waren, ging in jungen Jahren nach Asien, um dort den Buddhismus aus erster Hand zu studieren. Während seiner langen Jahre in Japan entdeckte Dumoulin, dass der Buddhismus nicht nur eine Herausforderung an das Christentum darstellt, wie Guardini es in Europa gelehrt hatte, sondern auch eine Gelegenheit für Christen, neue Wege eines lebendigen Glaubens an Christus zu entdecken.

Heutzutage müssen wir als Christen auf die Herausforderung des Buddhismus in einer Art und Weise eingehen, die den Buddhismus gleichzeitig auch als eine Gelegenheit zur Bereicherung unseres eigenen Glaubens erkennt. Während seiner sechzig Jahre in Asien schloss Dumoulin Freundschaft mit vielen Buddhisten. Ich glaube, dass Freundschaften mit Buddhisten die beste Gelegenheit bieten, auf die Herausforderung des Buddhismus einzugehen und ihn als Bereicherung wahrzunehmen. Daher möchte ich mir in diesem Aufsatz einige Gedanken über die Freundschaft zwischen Buddhisten und Christen machen, und sie als eine Form christlicher Spiritualität hervorheben, die für diejenigen von uns geeignet ist, die an der religiösen Komplexität unserer Welt herumrätseln, aber gleichzeitig auch von ihr fasziniert sind.

Einige falsche Ansätze

Ich erwähnte bereits, dass ich nie meinen buddhistischen Rosenkranz in die Hände nehme, ohne über meine Freundschaft mit Shih-fu nachzusinnen. Wie soll man als Christ eine solche Freundschaft beurteilen? Zweifellos hängt das, was Christen über eine solche Freundschaft denken, sehr eng damit zusammen, was sie über die Beziehung des Christentums zu den nicht-christlichen Religionen denken.

Zum Beispiel glauben einige Christen, dass es zwischen dem Buddhismus und dem Christentum keinerlei Gemeinsamkeit gibt. Das Christentum basiert auf einer wirklichen Offenbarung Gottes im Tod und der Auferstehung unseres Erlösers, Jesus Christus. Im Gegensatz dazu ist der Buddhismus eine menschliche Erfindung, die mit den offenbarten Glaubenswahrheiten des Christentums nichts gemein hat. Christen, die das glauben, werden über meine Freundschaft mit Shih-fu wenig erbaut sein oder sie als Zeitverschwendung abtun. Wenn man natürlich von der Voraussetzung ausgeht, dass das Christentum das Monopol für Wahrheit besitzt, dann werden dadurch Freundschaften wie die zwischen Shih-fu und mir schwierig, wenn nicht gar unmöglich gemacht.

Zu behaupten, dass der Buddhismus und das Christentum überhaupt keine Gemeinsamkeiten haben, ist heutzutage nicht nur wenig hilfreich, sondern meiner Meinung nach auch nicht in Übereinstimmung mit christlicher Tradition. Christen haben nämlich von den frühesten Anfängen der Kirche her erkannt, dass wichtige Wahrheiten für den Glauben auch außerhalb der christlichen Gemeinschaft gefunden werden können. Ein ganz offensichtliches Beispiel hierfür sind die Kirchenväter, die einen sehr vorsichtigen und kreativen Dialog mit dem Denken Platons aufnahmen. Und der heilige Thomas von Aquin tat dasselbe mit Aristoteles. Moderne Christen neigen dazu zu vergessen, wie umstritten diese Art von Dialog zu jener Zeit war. Jan van Bragt, ein katholischer Priester und Theologe, der wie Heinrich Dumoulin viele Jahre in Asien gelebt, den Buddhismus studiert und viele Freundschaften mit Buddhisten geschlossen hat, sagte einmal zu einer Gruppe von japanischen Christen: "Wir müssen inzwischen alle davon überzeugt sein, dass das Christentum in seiner Geschichte dadurch, dass es andere Religionen von der Reichweite der universalen Liebe ausgeschlossen hat, Jesu Gebot der Nächstenliebe seltsam verdreht hat."

Ganz abgesehen von diesen Betrachtungen gibt es da meine persönliche Erfahrung im Umgang mit meinem Freund Shih-fu. Nachdem ich mit ihm durch die Straßen Kyotos gewandert bin und beobachtet habe, wie er in seinem Kloster auf die Menschen eingegangen ist, die mit ihren Nöten zu ihm gekommen sind, kann ich nicht glauben, dass dieser Mensch von der von Gott offenbarten Wahrheit abgeschnitten ist. Darüber hinaus kann ich auch nicht glauben, dass Shih-fus Barmherzigkeit Gott ungerührt lässt. Die Bibel sagt uns, dass Gott Liebe ist. Und dass diejenigen, die in der Liebe bleiben, in Gott bleiben. Wo immer es Liebe gibt, dort sollen wir erwarten, Gott mitten unter uns offenbart zu finden.

Was ist nun mit der entgegengesetzten Behauptung? Könnte es sein, dass sowohl Buddhisten als auch Christen, wenn auch auf ganz verschiedene Weise, tatsächlich auf die eine unaussprechliche Wahrheit Antwort geben, die sie beide transzendiert? Könnte es sein, dass Shih-fu und ich in der Tiefe unseres Herzens wirklich über genau dasselbe sprechen, obwohl unsere Lehren und Schriften, unsere Riten und Symbole ganz unterschiedlich sind? Sind Buddhismus und Christentum nur unterschiedliche Interpretationen desselben, unausprechlichen Absoluten, das sie beide transzendiert? Ich glaube nicht, dass diese Sicht meiner Freundschaft mit Shih-fu sehr hilfreich ist. Und dafür gibt es mehrere Gründe.

Manchmal wollen Leute glauben, dass alle Religionen wirklich dasselbe sagen. Sie hoffen, dadurch denjenigen Gläubigen Toleranz zu zeigen, die einer anderen Religion als ihrer eigenen folgen. Ich denke, dass es ein Fehler für Christen sein würde, diese Sicht des Buddhismus und Christentums zu übernehmen. Ich glaube nicht, dass eine solche Sicht wahre Toleranz darstellt. Sollten die Christen den Buddhisten deswegen Toleranz entgegenbringen, weil es im Grunde genommen überhaupt keine nennenswerten Unterschiede zwischen dem Buddhismus und dem Christentum gibt? Als gläubiger Christ denke ich, dass ich Shih-fus religiösen Glauben achten soll, aber nicht aus dem Grund, dass alle Unterschiede zwischen dem Christentum und dem Buddhismus nur oberflächlich sind. Christen sollten den Buddhismus gerade auch wegen der wichtigen Art und Weise, in der er sich vom Christentum unterscheidet, achten und respektieren. Um wahre Toleranz zu praktizieren, müssen Shih-fu und ich anerkennen, dass die religiösen Unterschiede zwischen uns echt und nicht nur Erscheinungen an der Oberfläche der Dinge sind.

Darüberhinaus denke ich auch nicht, dass eine solche Sicht mir dabei helfen kann, den Sinn meiner Freundschaft mit Shih-fu deuten zu können. Wenn der Buddhismus und das Christentum trotz der äußerlichen Unterschiede wirklich dasselbe sagen, dann muss ich ja zu dem Schluss kommen, ich hätte von Shih-fu nichts zu lernen, was ich nicht sowieso schon weiß. Und andersherum gäbe es auch nichts wirklich Neues, was Shih-fu von mir lernen könnte. Freundschaften ohne jegliche Überraschungen werden sehr schnell schal und bedeutungslos. Das ist aber bei unserer Freundschaft nicht der Fall. Sie ist für uns beide voller Überraschungen. Auch wenn das manchmal schwierig ist, sollte es trotzdem als etwas Gutes bewertet werden.

Dann gibt es noch eine dritte Möglichkeit, meine Freundschaft mit Shih-fu zu betrachten. Als Katholik glaube ich, dass dieser dritte Ansatz aus dem Herzen der christlichen Tradition kommt. Trotz all seiner Fremdheit ist Shih-fu für mich ein Bild der Gegenwart Christi in der Welt. Christus ist von den Toten in die ganze Schöpfung auferstanden, und die Kirche ist ein Zeuge seiner Gnade, die alles erfüllt und sich in all dem offenbart, was menschlich und sanft, moralisch und liebevoll, demütig und weise ist. Die Kirche besitzt keine Exklusivrechte an dem Auferstandenen. Unsere kleine Gemeinschaft ist nur die Hefe für den Teig, ein Zeuge für das, was der Heilige Geist im ganzen Universum bewirkt, und nicht nur in den Grenzen der sichtbaren Kirche. Es wird also von mir verlangt, dass ich in diesem Mönch, der mir in jener stürmischen Nacht auf der Felsklippe in Taiwan seinen Rosenkranz gab und mich um meinen Segen bat, den Heiligen Geist am Werke sehe.

Ich glaube, dass diese Sicht dem Geist des Evangeliums näher kommt als die beiden früheren. Aber hier habe ich auch wieder einige Einschränkungen zu machen. Ich glaube nicht, dass eine solche Sicht in sich falsch ist, aber trotzdem denke ich, dass sie für Christen, die in einer religiös so komplexen Welt wie der unseren leben, unangemessen ist. Darüber hinaus glaube ich auch nicht, dass sie mir, ganz gleich wie sehr sie mir auch zusagt, dabei helfen wird, meine Freundschaft mit Shih-fu aufrecht zu erhalten. Shih-fus Leben ist beispielhaft für vieles, was Christen respektieren und sogar nachahmen sollten. Aber er ist kein Christ, er ist ein Buddhist. Ich muss diese Tatsache zur Kenntnis nehmen. Er hat sein Leben auf dem Dharma, der Lehre des Buddha, aufgebaut und nicht auf den Evangelien. Das bedeutet einerseits zwar, dass er und ich einige sehr wichtige Werte und Überzeugungen teilen. Es bedeutet aber auch andererseits, dass an Shihfu etwas ist, das ich nicht kenne und nicht verstehe, dass es Teile seines Lebens gibt, die meinem eigenen Lebensweg, nämlich dem Weg Christi, fremd sind. Mein Problem, den Sinn meiner Freundschaft mit Shih-fu letztlich deuten zu können, läuft hierauf hinaus: Mein eigener christlicher Glaube führt mich dazu, im Leben meines wunderbaren buddhistischen Freundes Christus am Werk zu sehen. Aber selbst während ich zugebe, dass Christus durch diesen Mann wirkt, muss ich mich weiterhin fragen, ob es vielleicht nicht doch Aspekte Shih-fus gibt, die ich nicht voll erkennen und schätzen kann.

Ich erwähnte bereits, dass Heinrich Dumoulin von Romano Guardini gelernt hatte, dass der Buddhismus eine Herausforderung an das Christentum darstelle und mit dieser Einstellung Europa verließ. Die langen Jahre seines Studiums der Geschichte des Buddhismus in Indien, China und Japan, und seine Diskussionen mit seinen buddhistischen Freunden brachten ihn nie zu dem Schluss, dass Guardini unrecht gehabt hätte. Sie führten ihn vielmehr dazu, die Sicht seines Lehrers noch mehr schätzen zu lernen. Es ist aber auch eine Tatsache, dass Dumoulin, je mehr Freundschaften er mit Buddhisten schloss, desto unzufriedener mit jedem der drei Ansätze zur Deutung der nicht-christlichen Religionen wurde. Für Dumoulin bestand die beste Antwort auf die Herausforderung des Buddhismus darin, diese Religion ernsthaft zu studieren. Und dabei begann Dumoulin, seine Freundschaften mit Buddhisten zu entwickeln. Ich glaube, dass Dumoulins Freundschaft mit Buddhisten wie auch meine eigene mit Shihfu als eine Form spiritueller Praxis gesehen werden kann.

Freundschaften und christliche Spiritualität

Christliche Spiritualität ist der uns durch den Heiligen Geist aufgezeigte Weg, die großen Wahrheiten zu leben, die Gott in unserem Leben durch Christus hervorbringt. Aus diesem Grund hat die Spiritualität genauso wie auch die Moral mit der konkreten Praxis unseres Glauben zu tun. Freundschaft ist ein von Alters her geachtetes Thema in christlicher Spiritualität. Als ein Beispiel hierfür möchte ich Johannes' Darstellung des Letzten Abendmahles anführen, in der Jesus über seine Beziehung zu seinen Jüngern in Begriffen der Freundschaft spricht (Jn15:13-15). Ich glaube, dass die Freundschaft mit Buddhisten Teil einer lebendigen, zeitgemäßen Spiritualität für Christen sein kann.

Alle unsere Freunde, sogar die ältesten und liebsten, sind für uns einmal Fremde gewesen. Das Anknüpfen von neuen Freundschaften verlangt von uns, dass wir in unserem Leben Platz für das Fremde und Unbekannte machen. Das ist noch mehr der Fall, wenn der Fremde, mit dem wir Freundschaft schließen, einem anderen religiösen Weg folgt als dem unsrigen. Die Freundschaft mit einem Fremden kann daher eine Herausforderung sein, aber auch viele spirituelle Vorteile mit sich bringen.

Zum ersten verlangt die Freundschaft mit einem Fremden von uns, uns selbst loszulassen und uns dem, was uns fremd ist, zu öffnen. Dem Risiko, uns zu bequem in unserem eigenen Leben eingerichtet zu haben, sind wir alle ausgesetzt. Uns mit dem zu umgeben, was vertraut, erprobt und wahr ist, scheint ganz natürlich zu sein. Sicherheit kann aber auch versteifen. Das ist sowohl den Buddhisten als auch den Christen bekannt. Das Schließen neuer Freundschaften verlangt von uns, aus unserer Sicherheit hervorzukommen und in eine weniger bequeme Welt einzutreten, wo wir mit dem Unvorhersehbaren zu tun haben. Die Freundschaft mit dem Fremden setzt uns einer Welt von Ideen und Erfahrungen aus, die nicht unsere eigene ist. Das kann natürlich Angst machen, aber manchmal ist es der *Fremde*, der uns von unserer hartnäckigen Beschäftigung mit uns selbst und unserem allzu gemütlich eingerichteten Leben rettet. Wenn es der Fremde ist, der unsere Selbständigkeit und Sicherheit zerstört, dann ist es genauso der Fremde, der uns von unserer Selbstbezogenheit befreien kann. Dies trifft noch mehr dann zu, wenn das Leben des Fremden in religiösen Glaubensweisen und Praktiken verwurzelt ist, die sich von den unsrigen unterscheiden. Als ich Shih-fu zum ersten Mal vorgestellt wurde, verbeugte er sich vor mir und schloss dann meine Hände in die seinigen. Während unseres ersten Nachmittags zusammen wurde mir klar, dass ich hier einen Mönch vor mir hatte, der Geschichten, die ich noch nie gehört hatte, erzählen und mir Fragen stellen konnte, die ich mir selbst nie gestellt hatte. Die Freundschaft mit diesem Fremden ermöglichte es mir, mich selbst und meine eigene religiöse Tradition in einem neuen Licht zu sehen. In dieser Hinsicht kann die Freundschaft mit einem Buddhisten wie Shih-fu aufrüttelnd, aber auch stärkend und verwandelnd sein. In meiner Erfahrung stellt die Freundschaft mit einem Buddhisten eine Bedrohung für das Selbstverständnis eines Christen dar, beinhaltet aber auch die Möglichkeit der Befreiung dazu, sich auf neue und willkommene Weise als Christ zu verstehen.

Zum zweiten hilft uns die spirituelle Freundschaft mit Buddhisten dabei, der Tendenz zu widerstehen, Fremdes zu fürchten. Sich durch das bedroht zu fühlen, was seltsam, unvorhersehbar oder fremd erscheint, ist zweifellos eine natürliche menschliche Reaktion. Die lange und traurige Geschichte religiöser Intoleranz liefert zahlreiche Beweise für diesen Schluss. In der Geschichte des Christentums ist die Religion des Fremden als Terrorismus verteufelt, als Aberglauben verlacht, als Heidentum abgetan oder durch feingesponnene theologische Theorien neutralisiert worden. Wenn wir uns der Bedrohung unseres Selbst auf diese Weise entledigen, dann geben wir damit aber gleichzeitig auch die Möglichkeit auf, unseren Glauben dadurch zu vertiefen, dass wir eine andere religiöse Tradition ernst nehmen. Ich betrachte meine Freundschaft mit Shih-fu als einen konkreten und praktischen Weg der spirituellen Übung, der Tendenz zu widerstehen, Fremdes zu fürchten und abzulehnen. Wenn wir mit jemandem mit einer fremden religiösen Tradition Freundschaft schließen wollen, dann müssen wir unserer Furcht vor dem Fremden ins Auge sehen und mit der Vieldeutigkeit einer Welt von großer religiöser Vielfalt leben können. Diese Furcht zu überwinden ist ganz wesentlich für diejenigen Christen, die über die Vorstellung des Buddhismus als einer bloßen Herausforderung an das Christentum hinausgehen wollen, um ihn auch als eine Bereicherung und eine Gelegenheit zur Vertiefung unseres eigenen Glaubens zu sehen.

Zum dritten werden uns Freundschaften mit Buddhisten helfen, den Buddhismus nach seinen eigenen Prämissen zu verstehen. Angesichts der groben Missverständnisse, die wir den Religionen anderer Menschen unweigerlich entgegenbringen, sollte dieser Aspekt der interreligiösen Freundschaft als besonders lobenswert betrachtet werden. Durch meine Freundschaft mit Shih-fu ist der Buddhismus nicht mehr lediglich eine Abstraktion in einem Buch für mich. Und er ist auch sicherlich nicht mehr bloß eine Schlagzeile in einer Zeitung. Durch Shih-fu wird der Buddhismus konkrete, berührbare, menschliche Realität. Natürlich habe ich viel über den Buddhismus durch die Lektüre der entsprechenden Literatur gelernt. Aber durch die Freundschaft mit praktizierenden Buddhisten wird der Buddhismus eine lebendige Realität, eine Wahrheit, die in einem wirklichen Leben verkörpert ist und nicht nur eine abstrakte Lehre bleibt. Das Christentum existiert nicht in Büchern, sondern vielmehr im täglichen spirituellen Leben der Christen, die ihren Glauben in die Tat umsetzen. Dasselbe trifft auch auf den Buddhismus zu. Einen Buddhisten als Freund zu haben, trägt viel dazu bei, diese Wahrheit zu erkennen.

Zum vierten denke ich, dass wir heutzutage kreativere Wege finden müssen, mit nicht-christlichen Gläubigen zu leben. Die wirklichen Unterschiede, die uns voneinander trennen, sollten nicht übergangen, sondern anerkannt und respektiert werden. Ich glaube, dass interreligiöse Freundschaften einen praktischen spirituellen Weg zur Erreichung dieses Ziels bieten. Zum Beispiel haben einige Christen Bedenken wegen der buddhistischen Lehre des *anâtman* (Nicht-Selbst) geäußert. Christen kommt diese Lehre nihilistisch vor. Ich denke, dass diese Lehre mit dem traditionellen Interesse des Buddhismus an sozialer Harmonie zusammenhängt. Das Problem des Nihilismus im Buddhismus bereitet den Christen besonders große Schwierigkeiten, wenn die Lehre des *anâtman* ihnen (eher ungeschickt) als die "Annihilation" des Selbst dargestellt wird. Man kann über diese Lehre und ihre Auswirkungen anderer Meinung sein, aber das ist etwas anderes als mit seinem buddhistischen Freund, der *anâtman* in seinem täglichen Leben praktiziert, anderer Meinung zu sein. Meine Fragen über *anâtman* bleiben bestehen, aber in Shih-fu kann die Lehre des "Nicht-Selbst" als integraler Teil seines Lebens der Entsagung und selbstlosen Barmherzigkeit gesehen werden. Ich denke, dass etwas ähnliches über die Rätsel gesagt werden kann, die das Christentum vielen Buddhisten aufgibt. In meiner Freundschaft mit Shih-fu sind die Unterschiede in unserem Glauben keine Abstraktionen. Es ist eher so, dass wir beide wirkliche religiöse Gläubige sind, die aber unterschiedliche Verpflichtungen eingegangen sind. Unsere Verpflichtungen haben unterschiedliche Auswirkungen auf unser Leben. In unserer heutigen Welt muss die Fähigkeit, mit jemandem, der einem anderen religiösen Weg als dem unseren folgt, in Dingen von religiöser Bedeutung tief und ehrlich anderer Meinung sein zu können, als eine Art spiritueller Leistung angerechnet werden. Freundschaften, die religiöse Traditionen überbrücken, sollten als eine spirituelle Übung hierfür betrachtet werden.

In meiner Sicht liegt der bei weitem größte Vorteil einer Freundschaft mit Buddhisten darin, dass sie Christen die Gelegenheit bietet, in ihren eigenen religiösen Bemühungen der Befolgung des Evangeliums kreativer und mutiger zu werden. Hier kann ich natürlich nur für Christen sprechen, nicht für Buddhisten. Und ich muss auch schleunigst hinzufügen, dass mir einige Christen hierin heftig widersprechen. Und in der Tat sind auch einige Buddhisten anderer Meinung darüber. Nicht jedoch Shih-fu. Er sieht seine Freundschaft mit mir als eine Form der Dharma-Praxis an – dem, wie ich glaube, nahekommend, was Christen Spiritualität nennen. Seine Freundschaft mit mir ist für ihn ein Weg, ein besserer Buddhist zu sein. Ganz sicher ist unsere Freundschaft für mich ein Weg, ein besserer Christ zu sein. Doch hierbei muss ich anmerken, dass gerade das, was ich als den größten Vorteil einer Freundschaft mit Buddhisten hervorhebe, wahrscheinlich die widersprüchlichste Behauptung ist, die ich über eine solche Freundschaft mache. In meiner Freundschaft mit Shih-fu sind Wahrheiten, die meiner eigenen Religion fremd sind, zu einer wirklichen Möglichkeit geworden, mein eigenes religiöses Selbstverständnis zu formen und die Wahrheit des Evangeliums auf neue Weise zu sehen. Ich kann ohne jede Einschränkung sagen, dass meine Freundschaften mit Buddhisten, die Freundschaft mit Shih-fu eingeschlossen, wesentlich gewesen sind in meinem Bemühen, als christlicher Theologe die Lehre des Christentums auf neue Weise zu interpretieren. Der Dharma, die Lehre des Buddha, ist mir zu einer Quelle der Inspiration für die Fortsetzung meiner eigenen religiösen Praxis der Nachfolge Christi geworden. Meine Freundschaft mit Buddhisten wie Shih-fu hat mir immer wieder abverlangt, zu meinem eigenen Glauben zurückzukehren und Fragen zu stellen, auf die ich ohne Shih-fu nie gekommen wäre. In dieser Hinsicht zähle ich meine Freundschaft mit Shih-fu und anderen Buddhisten zu den größten Segnungen meines Lebens als Christ.

Lassen Sie mich hier ein Beispiel dafür anführen, was ich damit meine, wenn ich sage, dass in meiner Freundschaft mit Shihfu Wahrheiten, die meiner eigenen Religion fremd sind, zu einer wirklichen Möglichkeit geworden sind, mein eigenes religiöses Selbstverständnis zu formen und die Wahrheit des Evangeliums auf neue Weise zu sehen. Weiter oben habe ich die buddhistische Lehre des Nicht-Selbst (*anâtman*) als ein Beispiel dafür genannt, worin sich der Buddhismus und das Christentum bedeutend unterscheiden. Bezüglich des *anâtman* gibt es eine berühmte Geschichte, die die Buddhisten gerne erzählen. Es kam einmal jemand, der religiöse Antworten suchte, zu dem historischen Buddha und fragte ihn, ob es eine ewige Seele gibt. Der Buddha verharrte im Schweigen. Der Suchende fragte darauf, ob es eine solche Seele nicht gibt. Wiederum verharrte der Buddha im Schweigen. Dann fragte der Suchende, ob Gott existiert. Wieder war Schweigen die Antwort. Schließlich fragte der Suchende, ob Gott nicht existiert. Wieder war die Antwort des Buddha beharrliches Schweigen. Hinterher baten die Schüler des Buddha, zu erklären, warum er es abgelehnt hatte, diese Fragen zu beantworten. Darauf erwiderte der Buddha, er habe es nicht abgelehnt, diese Fragen zu beantworten, sondern das Schweigen sei seine Antwort gewesen. Der Buddha erklärte weiter, dass das Schweigen die barmherzigste Antwort auf diese Fragen sei. Hätte er behauptet, dass Gott und die Seele existieren, dann hätte sich der Fragende daraufhin in endlose philosophische Spekulationen verwickelt, die jedoch nicht dabei helfen, Befreiung vom Leiden zu finden. Hätte er, der Buddha, andererseits aber gesagt, dass Gott und die Seele nicht existieren, dann wäre der Suchende dadurch in Richtung Nihilismus irregeleitet worden. Die barmherzigste Lehre sei daher diejenige, die den Menschen vor der Verwicklung in philosophische Fragen bewahrt, die weder beantwortet werden können noch spirituell hilfreich sind.

Im Christentum ist eine derartige Geschichte nicht vorstellbar. Christen haben gerade der Frage nach der Existenz Gottes und der Seele sehr viel Zeit und Energie gewidmet, also der Frage, deren Beantwortung der Buddha abgelehnt hat. Hier lehrt der Buddhismus also eine Wahrheit, die meiner eigenen religiösen Tradition sehr fremd ist. Und dennoch glaube ich, dass diese Wahrheit hilfreich für Christen in ihrer Bemühung sein kann, tiefer in das Geheimnis Gottes einzudringen und im Licht dieses Geheimnisses zu einem erneuten Selbstverständnis zu gelangen.

Obwohl die Christen zum Beispiel es nicht gewöhnt sind, *über* Gott zu schweigen wie die Buddhisten, sind sie doch mit der Weisheit des Schweigens *vor* Gott vertraut. Christliche Mystiker sagen, dass uns am Ende unserer Suche nach der Erkenntnis Gottes die Worte versagen und wir erstmals ohne die Sicherheit von Konzepten oder die Vermittlung von Sprache im *unerforschlichen* Gott bleiben. Einige Mystiker bezeichnen diesen Sprachverlust als "Armut". Johannes vom Kreuz, der große spanische Mystiker, spricht von Gott als "Nada" (nichts). Und einige der großen Mystiker des Rheinlandes bezeichnen Gott als "das Nichts". In den späteren Stadien unserer Gottessuche gibt es nur die große Stille, die uns umfängt, wenn Gott uns nicht mehr länger als Objekt gegenübersteht, sondern uns in Liebe alles in allem wird. Das Schweigen des Buddha über Gott und das Schweigen des Mystikers in Gott sind nicht dasselbe. Beide Arten des Schweigens müssen als Teil einer unterschiedlichen religiösen Vision der Welt und dessen, was das Menschsein in dieser Welt bedeutet, verstanden werden. Die Christen betrachten das Schweigen des Mystikers in Gott als die tiefste Art der Intimität, die zwischen Gott und seinem Geschöpf möglich ist. Buddhisten halten die ganze Vorstellung von Gott für einen Fehler und eine spirituelle Verirrung. Diese Vorstellung muss ganz und gar aufgegeben werden, bevor ein spiritueller Fortschritt möglich ist. (Natürlich denken die Buddhisten, dass auch jede Art von Festhalten am Atheismus aufgegeben werden muss). Als Christ gibt mir jedoch die Tatsache zu denken, dass der Buddha nicht nur über die Existenz Gottes geschwiegen hat, sondern auch über die Existenz der Seele. Der Buddha hat wohl eine Verbindung zwischen der Tendenz unseres Geistes, Gott zu einem Objekt "da draußen" weit über uns und der Tendenz, unser eigenes Ego ebenfalls zu einem Idol zu machen, gesehen. Das Nachdenken über diese buddhistische Erkenntnis hilft mir, zu einer tieferen Anerkennung der Tatsache zu gelangen, dass mein Gottesbild und das Bild, das ich mir von mir selbst mache, ganz eng miteinander zusammenhängen.

Ich stimme zum Beispiel mit Shih-fu darin überein, dass wir in genau dem Maße, in dem wir Geld, sexuelle Leidenschaften, Rasse oder Nationalität zu einem Götzen machen, auch unsere Menschlichkeit besudelt haben. Wenn wir Christen sagen, dass Gott Liebe ist, aber dann seiner Liebe enge Grenzen setzen, indem wir zu wissen meinen, wem und in welchem Maß er seine Liebe schenkt, dann dürfen wir nicht überrascht sein, wenn wir dadurch unserer eigenen Bereitschaft zu lieben genauso strenge Begrenzungen auferlegen. Wenn wir uns gleichermaßen durch das Bedürfnis getrieben sehen, andere Menschen nur als manipulierbare Objekte zu betrachten, z.B. als billige Arbeitskraft, die ausgenützt werden können oder als ungewünschte rassische Minderheit, die "gesäubert" werden muss, dann sollten wir, denke ich, noch einmal genauer nachdenken, ob wir hierbei nicht nur das Verständnis unserer Menschlichkeit, sondern auch das Verständnis Gottes verzerrt haben. Wenn, anders ausgedrückt, das Geheimnis Gottes nicht auf irgend etwas reduziert werden kann, das der Geist voll erfassen oder irgendwie objektivieren kann, dann können wir das auch nicht mit dem Geheimnis des Menschen tun, der ja ein Abbild des unergründlichen Gottes und ihm ähnlich ist.

Shih-fu und ich haben nie über das Schweigen des Buddha diskutiert, aber ich habe vor, eines Tages mit ihm darüber zu sprechen. Ich werde ihn bitten, mir ganz genau zu erklären, warum der Buddha nicht nur über die Existenz Gottes, sondern auch über die Existenz der Seele geschwiegen hat. Ich frage mich, was mein Freund darüber zu sagen hat, wie weit sich unser Gottesbild und das Bild, das wir von uns selbst haben, gegenseitig beeinflussen. Ich möchte, dass mein Freund mir das Schweigen des Buddha so erklärt, wie er es einem Novizen oder Mönch im Kloster erklären würde, da ich den Buddhismus nämlich zuerst nach seinen eigenen Prämissen verstehen möchte. Dann werde ich in einer besseren Lage sein, wieder zum Christentum zurückzukehren und auf eine neue und vielleicht hilfreiche Weise über Gott, die Seele, die Sünde der Idolatrie und über unsere Sünden gegen die Menschheit nachzudenken.

In der Frage über Gott und die Seele unterscheiden sich Buddhismus und Christentum sehr. Und dennoch – in diesem entscheidenden Unterschied sind mir in meiner Freundschaft mit Shih-fu Wahrheiten, die meiner eigenen Religion fremd sind, zu einer wirklichen Bereicherung geworden, indem sie mir helfen, mein eigenes religiöses Selbstverständnis zu formen und die Wahrheit des Evangeliums auf neue Weise zu sehen.

Dies ist eine besonders interessante, aufregende Zeit, Christ zu sein. Ich glaube, dass Shih-fu dasselbe über das Buddhist-Sein sagen würde (obgleich ich nicht vergessen darf, dass er eine ziemlich andere Zeitauffassung hat als ich). Eines schwülen Nachmittags erzählte mir Heinrich Dumoulin in seinem Zimmer mitten im Herzen von Tokyo die Geschichte über den Besuch des Historikers Arnold Toynbee vor vielen Jahren. Toynbee sagte zu ihm, dass Historiker in den kommenden Jahrhunderten auf das zwanzigste Jahrhundert zurückblicken und womöglich sehr wenig über den kalten Krieg zwischen dem westlichen Kapitalismus und dem Marxismus-Leninismus sagen werden. Statt dessen werden die Historiker der Zukunft die historisch immense Wichtigkeit des anfänglichen Dialoges zwischen Buddhisten und Christen mit Interesse zur Kenntnis nehmen. In einer Zeit wie der heutigen sollte die Freundschaft zwischen Buddhisten und Christen als etwas Wertvolles gesehen werden. Eine solche Freundschaft ist mit Sicherheit etwas Gutes für Christen, die ihren eigenen Glauben bereichern möchten. In dieser Hinsicht bin ich Shih-fu für seine große Barmherzigkeit und ganz besonders für seine Freundschaft dankbar.

Kyoto, im Mai 1999

(Übersetzung aus dem Amerikanischen von Maria Reis Habito)

Anmerkungen

[1] Zur Verehrung des Buddha Amitâbha siehe S. 95f.

[2] Zur Erklärung der sechs Bereiche der Wiedergeburt siehe S. 67f.

[3] Ch'an (*dhyâna*, jap. Zen) bedeutet Meditation. Der Meditationstrend im chinesischen Buddhismus begann in China im 2. Jh., als Texte zu Meditationsweisen aus dem Pali-Kanon ins Chinesische übersetzt wurden. Diese mischten sich bald mit taoistischen Meditationsweisen. Zum Beispiel erklärt das *Sûtra über die Versenkung durch Atemregelung* die Übung der Atemkontrolle durch Zählung des Ein- und Ausatmens. Sie ist eine Grundübung der Ch'an Meditation, die auch jetzt noch jedem Meditationsanfänger vorgelegt wird. Die Ch'an Schule in China wurde um 520 von dem legendären indischen Mönch Bodhidharma (480-528) gegründet und im 11. Jh. in Japan eingeführt.

[4] Die Schule, die sich auf das *Sûtra des Reinen Landes* gründet. Sie wurde im 4. Jh. durch Hui-yüan gegründet und lehrt die Anrufung des Buddha Amitâbha als Weg zur Wiedergeburt im Paradies des Reinen Landes.

[5] Eine Schule, die den Schwerpunkt auf die monastische Disziplin legt.

[6] Diese Schule wurde im 8. Jh. in China eingeführt. Sie benützt Texte mit vielen Ritualen und Visualisierungsanweisungen, die den Übenden durch die Identifizierung mit den in der Meditation geschauten transzendenten Buddhas zur Erfahrung der Leere führt.

[7] Die Tien-tai Schule wurde im 6. Jh. durch Chih-i gegründet. Sie lehrt die vollkommene Einheit des Absoluten und der Welt der Phänomene und benützt spezifische Meditationsweisen, die zur Erkenntnis der Einheit führen.

[8] Die Schule, die sich auf das *Hua-yen* (*Avatamsaka*) *Sûtra* gründet. Dieser Schule verdankt das Ch'an seine besondere Färbung. Das *Hua-yen Sûtra* lehrt die Grundidee der Einheit und der Vielheit und der gegenseitigen Durchdringung des Absoluten und Relativen in vielen eindrucksvollen Bildern und Vergleichen.

[9] Das westliche Paradies des Buddha Amitâbha, auch Reines Land genannt, ist eine solche Buddha-Welt. Sie wird durch die Gelübdekraft des Buddha, alle Wesen zur Erleuchtung bringen zu wollen, geschaffen.

[10] Zum achten Bewusstsein (âlaya-vijnâna, "Speicherbewusstsein") siehe S. 124

[11] Avalokiteshvara ist der Sanskritname des Bodhisattva. Im *Lotus Sûtra* ist er als Kuan-shih-yin , d.h. der die Laute oder Hilferufe (yin) der Welt (shih) wahrnimmt (kuan), übersetzt, kurz: Kuan-yin (jap. Kannon).

[12] "blauhalsig" ist ein Epithet des Shiva. Er hat als Weltenretter das Gift der Welt geschluckt, das an seinem Hals eine blaue Stelle hinterlassen hat.

Anmerkung zur Übersetzung und Quellennachweis

Das dieser Übersetzung zugrundeliegende chinesische Original *Die Essenz des Erbarmens* (Taipei 1994) ist der erste im Druck erschienene Text, der Lehrreden von Meister Hsin-Tao und Gespräche zwischen ihm und seinen Schülern enthält. Daher wird diesem Text große Wichtigkeit beigemessen. Während der chinesische Text einen Leser anspricht, der mit den Grundlagen asiatischen Denkens vertraut ist und auch Grundbegriffen des Buddhismus nicht so fremd gegenüberstehen mag wie mancher deutsche Leser, musste ich für einige der Grundvorstellungen und Begriffe, die keine direkte Erklärung im Text hatten, eine solche hinzufügen. Alle diese Erklärungen beruhen jedoch entweder auf einem mündlichen Kommentar von Meister Hsin-Tao oder auf folgenden anderen Schriften von ihm, die ich zu Rate gezogen habe: *Der Bodhisattva unter uns* (2 Bde., 1996), *Erleuchtung als Dank an Kuan-yin* (1998) und *Geheimnis des Herzens* (1995). In der Übersetzung wurden Aphorismen wie auch die Fragen und Antworten thematisch geordnet und der besseren Verständlichkeit halber in den zusammenhängenden Text eingeflochten. Der Beitrag von James L. Fredericks wurde von mir übersetzt. Als Hilfe für die Hinweise zur Praxis wurde das Handbuch des Maria Kannon Zen-Centers, *Beginning Zen* (Dallas 1998) und *Weisheit des Ch'an* (Taipei 1999) benutzt.

Maria Reis Habito

Zu den Autoren

Meister Hsin Tao wurde 1948 als Kind ethnischer Chinesen in einem kleinen Dorf in Burma geboren. Im Alter von vier Jahren verlor er im Krieg die Eltern, wurde im Alter von acht Jahren von der Kuomintang-Armee rekrutiert und kam mit dreizehn Jahren nach Taiwan. Er begann 1964 im Alter von sechzehn Jahren mit regelmäßiger Meditation und wurde 1973 im Alter von 25 Jahren zum Mönch ordiniert. Nach zehn Jahren streng asketischer Praxis gründete er im Jahr 1983 den Wu-sheng Tempel auf dem Ling-chiu shan Berg an der Ostküste Taiwans, eine Gemeinschaft, die heute über einhundert ordinierte Nonnen und Mönche zählt. Meister Hsin Tao gründete 1991 die Stiftung für das Museum der Weltreligionen. Das Hauptzentrum der Stiftung befindet sich in Tapei, ein Nebenzweig ist das One-Center im Herzen Manhattens. Das Museum, dessen Mission der interreligiöse Dialog als Weg zu Verständigung und Frieden ist, wird im Februar 2001 in Taipei eröffnet.

Maria Reis Habito studierte 1979-81 chinesiche Sprache, Kultur und Religion an der Shih-fan Universität in Taipei. 1981-85 Sinologie- und Philosophiestudium an der Ludwig Maximilians Universität in München. 1986-1989 Studium des chinesischen Buddhismus an der Kyôto Universität, 1990 Promotion an der LMU in München. Unterrichtet seit 1991 an der Southern Methodist Universität in Dallas. Ihr Buch *Die Dhâranî* des *Großen Erbarmens des Bodhisattva Avalokiteshvara mit tausend Händen und Armen: Übersetzung und Untersuchung ihrer textlichen Grundlage sowie Erforschung ihres Kultes in China* erschien 1993 in der Monumenta Serica Monograph Serie XXVII, Skt. Augustin.

James L. Fredericks hat seine theologische Ausbildung am St. Patricks Priesterseminar und an der Jesuiten-Hochschule in Berkeley erhalten. 1988 Promotion an der Chicago Universität.

Seit 1992 Professor der Vergleichenden Theologie (Comparative Theology) an der Loyola Marymount Universtität. Zahlreiche Veröffentlichungen in Fachzeitschriften und weite Vortragstätigkeit in den USA und in Japan. Seit 1992 Mitglied der Gruppe für buddhistisch-christlichen Dialog der Erzdiozöse Los Angeles. Sein Buch *Faith among Faiths: Christian Theology and the Worlds Religions* erschien im Herbst 1999 bei der Paulist Press, Mahwah, New York.